No juegues con fuego
porque lo podés apagar

y otras piezas

LEO MASLÍAH

No juegues con fuego porque lo podés apagar

y otras piezas

EDICIONES DE LA FLOR

Tapa: Magdi Kelisek

© 1998 *by* Ediciones de la Flor S.R.L.
Gorriti 3695, 1172 Buenos Aires, Argentina
Impreso en la Argentina
Printed in Argentina

Hecho el depósito que establece la ley 11.723
ISBN 950-515-563-8

Índice

Índice

Juegos de salón

Juegos de salón

Juegos de salón

1990

Fue estrenada el 16 de noviembre de 1990 en la Sala 2 del teatro La Gaviota (Montevideo), bajo la dirección de Rosario Reyes y con el siguiente reparto:

Tomás:	Alejandro Büsch
Adriana:	Adriana Ducret
Pancracio:	Li Noble
Lucía:	Rosario Reyes
Ernesto:	Ernesto Depauli

Ambiente: Una mesa y dos sillas

Escena 1

Tomás. Maldita la hora en que me casé contigo.

Adriana. ¿Cómo dijiste?

Tomás. No, nada. Dije que te quiero mucho y que somos una pareja muy feliz.

Adriana. Ah.

Tomás. Pero no fuimos capaces ni siquiera de tener un hijo.

Adriana. ¿Cómo dijiste?

Tomás. No, nada. Dije que tenemos muchos hijos y que los estamos criando como ellos se merecen.

Adriana. Ah.

Tomás. Y no hay una maldita escuela como la gente, donde mandarlos.

Adriana. ¿Cómo dijiste?

Tomás. No, nada. Dije que nuestros hijos van a la escuela y que pasan todos de año con sobresaliente muy bueno.

Adriana. Ah.

Tomás. Pero en esta casa no hay ni siquiera algo para darles de comer.

Adriana. ¿Cómo dijiste?

Tomás. No, nada. Dije que ya hice los mandados. Dejé la verdura en la heladera, y puse la carne en el congelador.

11

Adriana. Ah.

Tomás. Pero esa heladera de mierda no funciona.

Adriana. ¿Cómo dijiste?

Tomás. No, nada, dije que la heladera tiene demasiado hielo. Pero no te preocupes, ya la puse a descongelar.

Adriana. Ah.

Tomás. Y como de costumbre, se nos va a inundar la cocina, porque esa heladera pierde agua a roletes.

Adriana. ¿Cómo dijiste?

Tomás. Lo que oíste. Que se nos va a inundar la cocina.

Adriana. ¿Inundar la cocina? Por qué, si esa heladera no tiene hielo, hace meses que no funciona.

Tomás. ¿No funciona? Entonces se nos va a pudrir toda la carne.

Adriana. ¿La carne? Qué carne, si esa heladera está vacía.

Tomás. ¿Está vacía? Pero entonces, ¿qué les vamos a dar de comer a nuestros hijos? ¿Qué mierda les vamos a dar para que lleven a la escuela?

Adriana. ¿Escuela? No sé de qué escuela estás hablando.

Tomás. Hablo de la escuela a la que van nuestros hijos.

Adriana. ¿Cuáles hijos? Si nosotros no tenemos hijos.

Tomás. ¿No tenemos hijos? Bueno, por algo será. Pero no importa, porque igual somos felices, ¿verdá?

Adriana. ¿Felices? ¿A vos te parece que somos felices? No digas pavadas, hacéme el favor. Hace años que ya no te soporto más.

Tomás. ¿Cómo dijiste?

Adriana. No, nada, dije que hoy estamos cumpliendo diez años de casados.

Tomás. Ah.

Adriana. Pero no vamos a hacer ninguna fiesta, porque es una fecha que yo prefiero no recordar.

Tomás. ¿Cómo dijiste?

Adriana. No, nada. Dije que con el motivo de nuestro aniversario hacemos una fiesta, y que van a venir nuestros amigos.

Tomás. Ah.

Adriana. Pero no sé cómo van a hacer para venir, porque nosotros no tenemos amigos.

Tomás. ¿Cómo dijiste?

Adriana. No, nada, dije que no sé cómo van a hacer para venir,
porque hay problemas con los ómnibus.

Tomás. Ah.

Adriana. Además no creo que vengan. La gente es muy informal.

Tomás. ¿Cómo dijiste?

Adriana. No, nada, dije que seguramente van a llegar en hora,
porque son muy puntuales.

Tomás. Ah.

Adriana. Pero yo no voy a estar para recibirlos, porque me estoy
muriendo de sueño. Me voy a ir a dormir.

Tomás. ¿Cómo dijiste?

Adriana. No, nada. Dije que por suerte esta tarde dormí la siesta, así
que ahora me voy a poder quedar levantada hasta tarde.

Tomás. Ah.

Adriana. Mi madre también va a venir.

Tomás. ¿Cómo dijiste?

Adriana. No, nada. Dije que mi madre no va a poder venir.

Tomás. ¿No? Qué lástima.

Adriana. ¿Cómo dijiste?

Tomás. No, nada, dije que era una suerte que tu madre no pudiera venir.

Adriana. Ah.

Tomás. ¿Cómo dijiste?

Adriana. No, nada, dije que..., no, no me acuerdo lo que dije.

Tomás. Sería mentira, entonces.

Adriana. ¿Cómo dijiste?

Tomás. No, nada, dije que ibas a decir una gran verdá.

Adriana. Ah.

Tomás. ¿Qué?

Adriana. No, nada. No dije nada.

Tomás. Dijiste, sí. No trates de aparentar que no dijiste nada. Si tu

13

intención es hacerme creer que yo estoy loco, no la vas a lograr.

Adriana. ¿Qué dijiste?

Tomás. No, nada. Dije que últimamente me estoy volviendo un poco loco.

Adriana. No seas bobo, no digas eso.

Tomás. ¿Cómo dijiste?

Adriana. No, nada, dije que vos sos muy inteligente, y que además estás perfectamente cuerdo.

Tomás. Ah.

Adriana. ¿Qué?

Tomás. No, nada.

Adriana. Ah.

Tomás. ¿Qué dijiste?

Adriana. ¿Yo dije algo?

Tomás. Sí, creo que sí.

Adriana. Qué dije.

Tomás. No fue nada importante. Creo que nombraste una de las letras del abecedario, nada más.

Adriana. ¿Cómo?

Tomás. No, nada. Digo que nombraste una letra que no figura en el abecedario. Por eso no la entendí.

Adriana. Qué es lo que no entendiste.

Tomás. ¿Cómo, perdón? Disculpáme, no te escuché. Estaba pensando en otra cosa.

Adriana. Ah.

Tomás. Sí.

Adriana. ¿Cómo dijiste?

Tomás. ¡Pero, me cago en diez, carajo! ¿No escuchaste, lo que dije? Me estás empezando a cansar, ya, con eso de tener que repetir cada cosa que digo.

Adriana. Si lo repetís es porque querés. A mí con una vez que me digas las cosas, me alcanza.

Tomás. ¿Cómo dijiste?

Adriana. ¿Ves? ¿Ves cómo sos vos el que me está haciendo repetir a mí las cosas? ¡Siempre me estás echando la culpa de todo! Ya estoy podrida de que proyectes tus defectos en los demás. La próxima vez que me hagas repetir algo, me divorcio.

Tomás. Bueno, si eso es lo que querés.

Adriana. ¿Cómo? ¿Qué dijiste?

Tomás. No, nada. No dije nada.

Adriana. ¿Ves? Vos sos un cagón. Cualquier cosa que digas siempre terminás echándote para atrás.

Tomás. ¿Qué?

Adriana. No, nada. Decía que vos siempre tuviste mucha firmeza en tus convicciones.

Tomás. Ah.

Adriana. ¿Y vos qué me estabas diciendo?

Tomás. No, nada. Te estaba escuchando a vos, nomás.

Adriana. Ah.

Tomás. ¡Ésa! ¡Ésa era la letra que habías nombrado hoy, y yo no me acordaba! ¿Podrías repetirla?

Adriana. ¿A ver? Creo que era la letra "a".

Tomás. Decíla, por favor. Decíla.

Adriana. A.

Tomás. Otra vez.

Adriana. A.

Tomás. ¿A ver, otra vez más?

Adriana. A.

Tomás. No. No era ésa. Ésa es la letra "a". ¿A ver cómo suena? Aaaa. Sí, no, pero no era ésa, la letra. Era parecida, pero no era igual.

Adriana. Bueno, no importa, no te preocupes. Ya la vas a encontrar.

Tomás. Si por lo menos fueras capaz de ayudarme a buscarla.

Adriana. ¿Y qué te creés que estoy haciendo?

Tomás. Buscándola.

Adriana. Ah.

Tomás. Sí, no, pero me estás engañando, vos no la estás buscando nada.

Adriana. ¿No me creés? Entonces quiero el divorcio.

Tomás. ¿El divorcio, querés? Tomá. Acá tenés el divorcio. *(Le da un papel.)*

Adriana. ¿Y esto qué es?

Tomás. El divorcio.

Adriana. Ah. *(Se lo guarda en un bolsillo.)*

Tomás. ¿Querés la separación de bienes, también?

Adriana. Sí.

Tomás. Muy bien. Tomá. *(Le da otro papel.)*

Adriana. ¿Y esto qué es?

Tomás. La separación de bienes.

Adriana. Ah.

Tomás. ¿Querés un caramelo, también?

Adriana. Sí.

Tomás. Muy bien. Acá tenés. *(Le da un caramelo.)*

Adriana. Gracias.

Tomás. ¡Ah, ahora no me preguntás qué es!

Adriana. No necesito preguntarte nada. Yo sé leer, querido.

Tomás. ¿Cómo dijiste?

Adriana. No, nada. Dije que te quiero mucho.

Tomás. Ah.

Adriana. ¡La letra! ¡Dijiste la letra! ¿Viste? Yo te dije que la ibas a encontrar.

Tomás. Gracias, mi amor. No sé qué haría sin vos.

Adriana. Hablarías todo mal, seguramente. Te andarían faltando letras en las palabras.

Tomás. No creo. Antes de que me pase eso prefiero no hablar.

Adriana. Entonces calláte la boca.

Tomás. Es lo que estoy haciendo.

Adriana. ¿Estás seguro?

Tomás. ¡Pero, carajo! ¿Otra vez empezamos con lo mismo? ¡Antes me pedías que repitiera cada cosa que decía! ¡Ahora qué querés, ¿que te dé una declaración jurada por cada una de mis palabras?! Ya me estoy cansando de todo esto. Dale, devolvéme el divorcio que te di.

Adriana. Tomá. *(Se lo da.)* Ni falta que me hace.

Tomás. La separación de bienes también, dale, dámela.

Adriana. Tomá. *(Se la da.)* Esto a mí no me sirve para nada.

Tomás. Devolvéme el caramelo, también, dale, no te hagas la viva.

Adriana. Vos a mí no me diste ningún caramelo.

Tomás. ¿Ah, no? Qué te di, ¿un cande?

Escena 2

Pancracio. (Entrando.) Hola. Feliz aniversario. *(Se pone a hacer contorsiones.)*

Adriana. Gracias.

Tomás. Gracias.

Pancracio. ¿Saben que tengo un problema?

Adriana. ¿Sí? ¿Qué te pasó?

Pancracio. Bueno, mirá, yo venía en un taxi, ¿no?

Tomás. No.

Pancracio. Bueno, está bien, no venía en un taxi, venía en un ómnibus. Entonces yo le decía al chofer que por favor se apurara, ¿no?

Tomás. No.

Pancracio. Bueno, está bien, no le decía que se apurara, le decía que anduviera despacio, porque es peligroso andar por las calles a toda velocidá.

Adriana. ¿Sí?

Pancracio. Sí, porque el tráfico estos días está muy descontrolado, la gente por la calle anda muy paranoica. Por ejemplo yo el otro día vi a una tipa que entraba en un cine, ¿no?

Tomás. No.

Pancracio. Bueno, está bien, no entraba en un cine, entraba en un restorán. Entonces el mozo le buscaba una mesa, pero la única mesa vacía era una que estaba bien en el medio.

Adriana. ¿Sí?

Pancracio. Sí, creo que sí. O capaz que estaba un poco más al costado, no me acuerdo bien. No importa, la cuestión es que era una de las mesas centrales. Bueno, entonces la mujer iba y se sentaba en esa mesa, ¿no?

Tomás. No.

Pancracio. Bueno, está bien, no se sentaba en la mesa, se sentaba en una de las sillas que había en la mesa. Ahí te cagué, ¿no?

Tomás. Sí.

Pancracio. Sin embargo no. No te cagué, porque tenías razón vos. La mujer no se sentó. Se fue, y le dijo al mozo que ella en esa mesa no se quería sentar porque habiendo tanta gente alrededor de ella seguramente alguno iba a haber que agarrara un tenedor o un cuchillo para matarla por la espalda. Y yo escuché cuando ella decía eso, ¿no? Entonces...

Tomás. No.

Pancracio. Cierto, no lo escuché. Fue un amigo, que me lo contó. Es un tipo que se pasa metiendo en todo. El otro día se metió en mi casa y no había forma de sacarlo.

Adriana. ¿No?

Pancracio. Bueno, sí, de repente con una grúa hubiéramos podido, pero era muy difícil porque él se había escondido en el sótano. Además había apagón y estábamos sin luz, ¿no?

Tomás. No.

Pancracio. Cierto, estábamos con todas las luces prendidas. Era porque dábamos una fiesta, y había muchos invitados y un montón de tortas y de saladitos que estaban riquísimos.

Adriana. ¿Sí?

Pancracio. No. En realidá no estaban ricos. Tenían un gusto espantoso. A mí me cayeron mal. Me descompuse enseguida y me tuve que ir. Salí y crucé la calle porque por la vereda de enfrente venía un taxi, ¿no?

Tomás. No.

Pancracio. Bueno, está bien, no venía por la vereda, venía por la calle.

Te cagué otra vez. Bueno, y entonces yo paré el taxi, y me subí y le dije al taximetrista que se apurara porque yo tenía muchas ganas de ir al baño y si no se apuraba yo no iba a llegar.

Adriana. ¿No?

Tomás. No.

Adriana. Ah, bueno.

Pancracio. No, llegar iba a llegar, sí, pero con la mierda que me corría por los pantalones, que de hecho era lo que me estaba pasando, así que bueno, la historia es ésa. Si no tienen inconveniente, quisiera pasar al baño.

Adriana. ¿Sí?

Pancracio. Bueno, no, igual... Me quedo así, no hay problema. *(Se sienta y deja de hacer contorsiones.)*

Tomás. Che, vos no me irás a ensuciar la silla, ¿no?

Adriana. Ay, Tomás, no seas grosero.

Tomás. No, es que este tipo que se pasa diciendo "te cagué, te cagué", no se puede saber lo que es capaz de hacer.

Adriana. Basta, Tomás, cortála o vas a terminar ahuyentando a todos nuestros invitados.

Pancracio. ¿Dónde están los demás?

Adriana. (Mira en torno suyo, nerviosa.) ¿Los demás? No, acá no hay nadie más, aparte de nosotros tres. ¿Verdá, Tomás?

Tomás. Sí, claro. Hasta un niño de escuela se daría cuenta de eso. Sin embargo... *(Mira alrededor.)*

Pancracio. Qué pasa.

Tomás. No, nada, me pareció que la mesa... no sé... me dio la impresión de que algunas moléculas de la mesa se movían un poco.

Pancracio. Ah, no te preocupes, eso pasa siempre. Las moléculas nunca se quedan quietas. Y los átomos no sabés lo que son.

Tomás. Estás equivocado. Sé perfectamente lo que son.

Adriana. ¿A ver? Qué son.

Tomás. Esa pregunta es muy peligrosa.

Pancracio. No veo por qué.

Tomás. A ver, cállense los dos un momento. *(Huele.)* Siento un olor feo. ¿No lo sienten, ustedes?

Adriana. (Huele.) No, creo que no. ¿A ver? *(Huele.)*

Pancracio. (Huele.) No, yo no siento nada. ¿Qué tipo de olor es?

Tomás. Es un olor nauseabundo, repugnante. ¿No serás vos, Pancracio?

Adriana. ¡Tomás, por favor, no seas impertinente!

Tomás. Bueno, pero si no es él no sé quién puede ser. ¿Hay alguien más en esta casa aparte de nosotros tres?

Pancracio. No, no hay nadie. Bah, en realidá yo no sé porque llegué recién.

Adriana. No tan recién. Ya hace un buen rato que estás acá.

Pancracio. Sí, es cierto. Y dentro de poco me voy a tener que ir. ¿Por qué no empezamos con el festejo? ¿Están esperando otros invitados?

Adriana. No va a haber otros invitados.

Tomás. Cómo, ¿no era que iba a venir tu madre?

Adriana. Iba a venir, sí, pero eso es tiempo pasado. Yo estoy hablando del futuro, de los que van a venir.

Pancracio. Y quiénes van a venir.

Tomás. No sé. Supongo que van a venir los que nos quieren, los que nos aprecian. Los demás no van a venir, porque nos odian. La mayoría de los habitantes de esta ciudá nos odia. Ninguno se dignó venir.

Adriana. Pancracio vino.

Pancracio. Eso no quiere decir que no los odie.

Tomás. ¿Vos nos odiás?

Pancracio. No, para nada. Al contrario, los amo. Yo hablaba de una cuestión de lógica, nada más. Perfectamente podría darse que yo hubiese venido igual, aunque los odiara. Pero no es el caso, repito. Lo importante es que ustedes no se llamen a engaño, que no crean que porque yo haya venido eso quiere decir que no los odio. Eso ustedes tienen que tenerlo bien claro. Yo podría haber tenido buenos motivos para venir, aunque los odiara, aunque abominara de ustedes. Por ejemplo, podría haber venido a matarlos. Pero no es el caso, repito, no es el caso. Pueden revisarme, si quieren. Van a ver que no traigo armas. Aunque claro, podría haber venido desarmado para no despertar sospechas, y tratar de procurarme algún arma dentro de la misma casa. ¿Ustedes en la cocina tienen alguna cuchilla bien afilada?

Adriana. Sí, tenemos una. ¿Te la traigo?

Pancracio. No, Adriana, por favor, no te molestes.

Tomás. Qué, ¿acaso pretendés ir a buscarla vos?

Pancracio. No seas ridículo, Tomás. ¿Para qué iba a necesitar yo una cuchilla de cocina en este momento?

Tomás. No sé, como estabas hablando de matarnos...

Pancracio. Pero no seas bobo, Tomás. Qué tarado, por Dios. Yo no estaba hablando de matarlos, sino todo lo contrario: estaba hablando de NO matarlos. Yo en ningún momento dije que los iba a matar. En cambio, en todo momento dije que NO los iba a matar. Vos tenés que aprender el sentido de la palabra "no". O es que acaso la negación para vos no existe.

Tomás. No, no es eso.

Pancracio. Claro, ahora lo entiendo. ¿Sabés qué es lo que te pasa, a vos? Vos negás la negación. Entonces lo único que te queda es un desierto afirmativo, una aceptación tácita de todas las cosas. A vos te da lo mismo que te pregunten "¿me das un cigarrillo?" o que te pregunten "¿no me das un cigarrillo?". A cualquiera de las dos preguntas vos vas a reaccionar de la misma forma, como la mayoría de la gente, por otra parte. Ése es un ejemplo que simboliza perfectamente el viejo truco de la complicidad callada con los sistemas establecidos. Vos decís por ejemplo "la plata que gano no me alcanza para comer", pero la palabra "no" en esa frase se va debilitando, se va debilitando hasta que termina por desaparecer, y terminás creyendo que la plata que ganás te alcanza para comer, y te empezás a conformar con eso. Los ideólogos del capitalismo se las arreglaron muy bien para lavarle así el cerebro a la gente, para lavarle el lenguaje, mejor dicho.

Le inculcaron a fuego la negación de la negación. Por eso a los tigres de la Coca-Cola no les calienta que se haga propaganda en contra de su producto, que se hagan afiches que digan Coma-Caca, y todas esas cosas. Ellos saben bien que decirle a la gente "no tome Coca-Cola" es lo mismo que decirle "tome Coca-Cola". Porque fueron ellos los que adiestraron a la gente a no diferenciar una cosa de la otra. Claro que a la larga les va a salir el tiro por la culata, porque de tanto decirle a la gente "no hagan revoluciones, no hagan revoluciones", la gente va a terminar haciendo revoluciones, como ya hicieron en Rumania, o en Inglaterra.

Tomás. ¿Y en Inglaterra qué revolución hicieron?

Pancracio. La revolución industrial.

Adriana. ¿Y acá te parece que van a hacer, también?

Pancracio. Qué cosa.

Adriana. Revoluciones.

Pancracio. ¿Revoluciones? ¿Quiénes?

Adriana. La gente.

Pancracio. Qué gente.

Adriana. No sé, la gente esa, que anda por la calle.

Tomás. ¿Esa gente? No, che, acá no creo que hagan nada.

Pancracio. Es posible. Yo, por mi parte, no pienso mover un dedo.

Adriana. ¿No? ¿Por qué?

Pancracio. Porque ya hablé bastante, por hoy. Ya puse mi grano de arena.

Tomás. Sí, pero ese grano no creo que sirva de mucho. ¿Querés saber por qué? Porque de todo lo que vos hablaste yo no entendí un pepino.

Pancracio. Me tiene sin cuidado. Mi discurso no es para retardados mentales. Es como decía Lenin en su libro "Qué hacer": hay veces que vale más un puñado de hombres inteligentes que un centenar de bobos.

Tomás. ¿Y Lenin no dijo nada de los imbéciles?

Pancracio. No, creo que no. Él era muy afecto a los insultos, pero creo que de los imbéciles no dijo nada. ¿Por qué me lo preguntás? ¿El tema te toca de cerca?

Tomás. Bastante cerca. Un par de metros. *(Es la distancia que lo separa de Pancracio.)*

Pancracio. Un par de metros, ¿eh? *(Se aleja.)* ¿Y ahora?

Tomás. Ahora yo diría unos tres metros.

Pancracio. Ajá. *(Se acerca bastante a Tomás.)* ¿Y ahora?

Tomás. Ahora son apenas unos centímetros.

Pancracio. Mmm... estoy empezando a entender adónde querés llegar.

(Se oyen pasos.)

Adriana. ¡Escuchen! ¡Viene gente!

Escena 3

Entran Ernesto y Lucía. Ernesto se conduce y habla de modo afeminado.

Lucía. ¡Hola, feliz aniversario!

Adriana. ¡Hola! *(Corre a saludar y se besa con Lucía.)*

Ernesto. *(A Adriana.)* Cómo andás, preciosa, divina. *(A Tomás.)* Adiós, Tomasito, qué bien se te ve.

Tomás. Hola, cómo andan, che. *(Se da la mano con Ernesto.)* *(A Lucía.)* Y vos también viniste, qué bueno. *(Se besa con Lucía.)* Ahora sí que vamos a poder festejar.

Adriana. Che, qué sorpresa, qué bárbaro que hayan venido.

Ernesto. Pero cómo, ¿no nos esperaban?

Adriana. Sí, al principio sí, pero después Tomás empezó a decir que no iba a venir nadie, que todo el mundo nos odia, que la gente nos quiere matar, y bueno...

Ernesto. Ay, este Tomás, siempre tan fúnebre, tan misterioso.

Lucía. (Repara en Pancracio.) ¡Pancracio! ¿Vos también estás acá? ¿Cómo andás? *(Le da un beso.)*

Pancracio. Bien, bien, bah, más o menos, pero en fin.

Ernesto. (A Pancracio.) Ya se te va a pasar, no te preocupes. ¿Cómo te va, che? *(Le da la mano.)* Hace siglos que no te veo. Creo que la última vez que te vi fue en las Cruzadas, ¿te acordás?

Pancracio. Sí, claro, cómo no me voy a acordar. Es imposible que me olvide del valor que vos demostraste en todas las batallas contra los turcos.

Adriana. Ah, pero yo no sabía nada, de eso. Nunca nos lo contaron.

Lucía. Ah, no sabés lo que fue. Estuvo buenísimo. Ernesto sólo con su espada recuperó Jerusalén. Los demás miraban y aplaudían.

Ernesto. Ay, por favor, no digas cosas. No fue tan así, yo solamente hice lo que mi corazón me pidió que hiciera.

Tomás. Bueno, sientensé, che, no se queden ahí parados.

Pancracio. Sí, tomen asiento, así podemos empezar a festejar.

Ernesto. ¿Cuántos años de casados cumplen, che?

Pancracio. Seis años. Y en octubre cumplimos siete.

Lucía. Qué bien, che. La verdá que los felicito. No es fácil bancarse seis años.

Ernesto. Siete, che. No les saques años a los demás. Sacátelos a vos, si querés.

Tomás. No, cómo vas a decir eso. Ella no necesita sacarse años. Al contrario.

Adriana. Bueno, entonces pasále algunos de los tuyos, Tomás.

Lucía. No, gracias, dejá. Ya me van a venir solos.

Ernesto. No creas, mirá que ahí está el dicho: los años no vienen solos.

Pancracio. En eso tenés razón. Pero fue muy tramposo el juego de palabras que hiciste. Te voy a pedir que no lo hagas más. De lo contrario voy a buscar una cuchilla que hay en la cocina y te abro la panza como para hacer matambre relleno.

Ernesto. (Súbitamente desfemineizado.) ¡Dale, si te animás! ¿A ver? Dale, estoy esperando. ¡Cagón! ¿Por qué no vas a la cocina a buscar ese cuchillo?

Tomás. No, no, no, no, Ernesto, él nunca habló de ningún cuchillo. Él dijo "cuchilla", ¿eh? Vamo' a parar un poco la mano, vamo' a no confundir los géneros. Acá tiene que quedar bien claro lo que es femenino y lo que es masculino. Si no, vamo' a terminar mal.

Adriana. Ah, basta, déjense de joder, che, esto no es una sesión de la cámara de diputados.

Pancracio. Nunca podría serlo. Yo soy senador.

Lucía. Yo me pienso presentar como edil.

Tomás. Bueno, si estamos en tren de inventar mentiras, yo les puedo decir una gran verdá: estoy muy contento de que todos hayan venido, con excepción de Adriana, aquí presente, y espero que tengan una velada inolvidable.

Ernesto. (Otra vez afeminado.) Ah, yo entonces voy a tener que sacar apuntes. Si no, mañana de mañana cuando me levante no me voy a acordar de nada. Siempre me pasa lo mismo.

Lucía. Che, disculpen, ¿no sienten olor raro?

Adriana. ¿Olor?

Tomás. (A Adriana.) Sí, ¿viste? Yo te dije.

Ernesto. Es cierto, yo desde hoy lo estoy sintiendo. ¿Qué pasó? ¿Se mudó el zoológico?

Pancracio. Creo que no, pero *(señala la ropa de Ernesto)* una araña se vino a vivir a tu camisa.

Tomás, Adriana y Lucía. (Pegan un salto, del susto, y emiten un gritito al unísono.)

Ernesto. (Inmutable.) Una araña no, una víbora. Tomá. *(Acaba de sacar una víbora de goma de un bolsillo, y se la arroja a Pancracio.)*

(Los otros tres gritan y saltan de nuevo.)

Pancracio. Ah, querés jugar, ¿eh?

Adriana. ¡Basta, Pancracio! Qué querés, ¿arruinar nuestro aniversario?

Tomás. Es un juego, Adriana, no tenés que tomártelo en serio. Están jugando, nada más. Ellos son amigos, se conocieron en las Cruzadas, combatieron juntos.

25

Lucía. ¿Y ese juego cómo se llama? A mí me gustaría jugar, también.

Pancracio. ¡Claro, podríamos jugar todos juntos a un juego! Sería una excelente manera de festejar.

Adriana. Ah, no, a mí me aburren los juegos. Yo prefiero que charlemos, que discutamos sobre algún tema.

Tomás. ¿Filosofía, otra vez? No, por favor. Si se ponen a filosofar yo me voy. *(Señala a Pancracio.)* Ya tuve bastante con éste, por hoy.

Ernesto. ¿Y si escucháramos música? ¿No tienen nada como para bailar?

Lucía. Ah, qué lindo, sí, quiero bailar, quiero bailar.

Tomás. Sí, tenemos un disco nuevo que está buenísimo.

Lucía. Ponélo, ponélo.

Tomás. Sí, cómo no. *(Se dispone a ponerlo.)* Vas a ver, tiene un swing de la puta madre. *(Lo pone. Empieza a sonar un trozo de música de aquella llamada "culta contemporánea", no "bailable", tradicionalmente.)*

(Todos se ponen a bailar. Cuando termina la música, algunos se sientan en el piso y otros en las sillas.)

Pancracio. ¡Puf!

Lucía. Qué bueno. Hacía mucho que no me divertía tanto.

Ernesto. Y ese tema, ¿de quién es, che? Yo nunca lo había sentido. Por la radio no lo pasan, ¿no?

Tomás. ¿Que no lo pasan? Vamos, no sé qué radio escucharás vos. En la mayoría de las radios lo están pasando todo el día. Es un hit.

Adriana. Ponélo de vuelta, Tomás.

Tomás. No puedo. Este tocadiscos funciona en un solo sentido.

Ernesto. Play it again, Sam.

Tomás. ¿Qué te pica?

Lucía. Che, perdonen, tengo una moción para presentar. ¿Qué les parece si vamos a buscar algo para comer, unas milanesas, unas empanadas, o algo así?

Adriana. ¿Cómo dijiste?

Lucía. No sé, algo para comer, unas pizzas.

Ernesto. ¿Cómo dijiste? *(Luego de la pregunta, permanece pensativo.)*

Lucía. No sé, ¿fainá, te parece?

Tomás. (Con estupor.) ¿Fainá?

Lucía. O refuerzos de mortadela, igual, no sé, yo tengo hambre. ¿Ustedes no?

Pancracio. ¿Cómo dijiste? ¿Mortadela?

Lucía. Bueno, está bien, si no quieren no traemos nada.

Adriana. ¿No querés un caramelo? *(Le muestra el caramelo.)*

Lucía. (Como quien acepta un premio consuelo.) Bueno, dame. *(Adriana se lo da.)*

Pancracio. ¿Me das uno?

Adriana. No, no tengo más. Éste hace días que lo tenía en el bolsillo, ya ni me acuerdo de dónde lo saqué.

Ernesto. Che, tengo una idea, ¿no quieren jugar a verdá o consecuencia?

Tomás. Sí, podría ser. Me gusta.

Ernesto. ¿Te gusta? Brutal, entonces. Empiezo contigo. ¿Verdá o consecuencia?

Tomás. Verdá.

Ernesto. Muy bien. A ver ahora... Adriana. Adriana, ¿verdá o consecuencia?

Adriana. Consecuencia.

Ernesto. Sabía, sabía que ibas a decir eso. Es una respuesta típica de vos.

Lucía. A ver, preguntáme a mí.

Ernesto. Te pregunto. ¿Verdá o consecuencia?

Lucía. (Piensa.)

Ernesto. Dale, nena, contestá, no podés demorar. Éste es un juego de rapidez mental.

Lucía. Bueno. No estoy segura, pero igual te voy a contestar. Verdá.

Ernesto. Acertaste. Te felicito. Yo estuve a punto de creer que te ibas a equivocar, te confieso.

Pancracio. A ver yo.

Ernesto. Bueno, te pregunto. ¿Estás listo?

Pancracio. Sí.

Ernesto. (A Tomás.) Éste va a contestar cualquier cosa, vas a ver.

Pancracio. Dale, preguntáme.

Ernesto. Sí. ¿Verdá o consecuencia?

Pancracio. A ver... ah, perdoná, me olvidé de preguntar una cosa. ¿Se puede mentir, en este juego?

Tomás. No, ¡qué esperanza! ¡Cruz diablo!

Ernesto. Ni se te ocurra mentir, ¿oíste?

Pancracio. Sí, esperá. Este juego es más difícil de lo que yo creía.

Lucía. Dale, che, te tenés que arriesgar. Los demás ya contestamos todos, faltás vos, solamente.

Pancracio. Sí, ya sé, pero esperen, déjenme concentrarme.

Adriana. Ah, dale, Pancracio, no hinchés las bolas. Contestá lo primero que se te ocurra.

Pancracio. Es que ya pensé tantas cosas que ya ni me acuerdo cuál era la primera.

Ernesto. Esto se está poniendo aburrido. Con gente así no se puede jugar.

Tomás. (Sacude a Pancracio.) Dale, dormilón, contestá de una vez.

Pancracio. Mirá, loco, no me presiones, ¿ta? Una cosa es ponerse a jugar, así, entre amigos, y otra cosa es utilizar el pretexto del juego para liberar las agresividades acumuladas a lo largo de toda una vida de frustraciones. Así que dejáme tranquilo, ¿ta? Si no tienen paciencia, sigan jugando ustedes solos.

Lucía. No, eso no. Tenemos que encontrar un juego que nos guste a todos. ¡Ya sé! ¡Podríamos hacer una orgía!

Ernesto. No, nena, eso es muy trillado.

Adriana. Sí. *(Todos piensan.)* Ya sé, tengo otra idea. Podríamos hacer el amor.

Pancracio. ¿Coger, decís? No podemos, somos cinco.

Adriana. Sí, tenés razón.

Tomás. A menos que...

Ernesto. Qué.

Tomás. No, nada, iba a decir una estupidez.

Ernesto. Dale, decíla igual, yo quiero escucharla.

Tomás. Ya te dije que no.

Ernesto. Cagón.

Lucía. ¡Ya sé, tengo la solución! Vamos a jugar a las escondidas.

Ernesto. Eso no soluciona nada, pero en fin, sí, la idea me gusta, estoy afín.

Tomás. Yo también. *(A Pancracio y Adriana.)* ¿Ustedes qué dicen?

Pancracio. Sí.

Adriana. Sí.

Tomás. *(A Pancracio y Adriana.)* Bueno, vengan, vamos a escondernos. *(A Lucía y Ernesto.)* Ustedes dos cuenten hasta veinte y después nos salen a buscar, ¿ta?

Lucía. ¿Y por qué nosotros dos?

Tomás. No sé, es lo mismo. Después cambiamos, si querés.

Ernesto. Sí, dale, escóndanse que yo ya empiezo a contar.

Tomás. Bueno. Que tengan suerte. Nos van a encontrar si son brujos. *(A Pancracio y Adriana.)* Vamos, dale. Tengo un escondite fenomenal.

(Salen los tres.)

Escena 4

Ernesto. Uno.

Lucía. *(Silencio.)* Dos.

Ernesto. *(Silencio.)* Tres.

Lucía. *(Silencio.)* Cuatro.

Ernesto. *(Silencio.)* Cinco.

Lucía. *(Silencio.)* Seis.

Ernesto. *(Silencio.)* Siete.

Lucía. (Silencio.) Ocho.

Ernesto. (Silencio.) Nueve.

Lucía. (Los silencios ahora son más largos.) Diez.

Ernesto. (Siguen los silencios largos hasta el final de conteo.) Once.

Lucía. Doce.

Ernesto. Trece.

Lucía. Catorce.

Ernesto. Quince.

Lucía. Dieciséis.

Ernesto. Diecisiete.

Lucía. Dieciocho.

Ernesto. Diecinueve.

Lucía. (Silencio más largo todavía.) Veinte.

Ernesto. Che.

Lucía. Qué.

Ernesto. Nosotros hace mucho tiempo que somos amigos, ¿no?

Lucía. Sí, ya hace unos cuantos años.

Ernesto. Sí.

Lucía. ¿Por qué me lo preguntás?

Ernesto. Es que hace días que vengo pensando proponerte que en el futuro pasemos a ser algo más que amigos.

Lucía. Algo más cómo.

Ernesto. Ay, mijita, no te hagás la difícil. Lo que te estoy diciendo es que dejemos de ser amigos y pasemos a formar una pareja.

Lucía. ¿En serio lo decís?

Ernesto. Claro. Yo hace meses que me vengo dando cuenta de que hace años... ay, perdonáme, no sé ni lo que estoy diciendo, me siento confuso. Por favor, ayudáme, no me dejés cargar a mí solo con el fardo de esta situación. Dale, no seas mala, decí que sí, decí que sí.

Lucía. Bueno, Ernesto, yo... me siento muy halagada por lo que vos me estás planteando, pero...

Ernesto. ¿Sí?

Lucía. No, que hay algo que no sé si vos sabés.

Ernesto. Qué es. Dale, decimeló, me estás poniendo los nervios de punta.

Lucía. Sí, esperá. No es nada fácil para mí... hacer este tipo de confesiones.

Ernesto. Bueno, tomáte tu tiempo, no te apresures. Yo te espero. *(Se empieza a limar las uñas.)*

Lucía. Ernesto, a mí no me gustan los hombres. Yo... solamente salgo con mujeres.

Ernesto. ¿De verdá? Me dejás helado. Nunca hubiera creído eso de vos. Decíme que no es cierto, por favor.

Lucía. No puedo, Ernesto, en serio, fue algo que me surgió, se me dio así, la vida, no sé, yo tenía un novio, a los quince años, pero con él nunca pasó nada, y bueno, después conocí a una muchacha que fue... la que me hizo despertar a los placeres del amor.

Ernesto. Pero ¿entonces... vos nunca anduviste con ningún hombre?

Lucía. No, así, de acostarme, no.

Ernesto. Pero entonces no sabés cómo es. Hay tanta cosa que podrías descubrir, te juro. ¿Por qué no me das una oportunidá?

Lucía. No, Ernesto, yo te agradezco, pero a esta altura de mi vida yo ya no puedo cambiar. Prefiero seguir viviendo así. Además te confieso que me gusta. No sé si vos podés llegar a comprenderlo.

Ernesto. No, te juro que no puedo. No sé si es porque soy un poco anticuado, pero es más fuerte que yo. Me cuesta horrores aceptar una cosa así. Y por eso te pido perdón, pero yo contigo voy a insistir. Voy a insistir al menos hasta que me permitas demostrarte cómo es una relación sana entre un hombre y una mujer. Después vos me dirás si te gusta o si no te gusta. Pero primero probemos, ¿sí?

Lucía. No sé, no sé. Después hablamos, ¿ta? Vamos a buscar a aquellos, ¿te parece? Hace rato que nos deben estar esperando.

Ernesto. (Se empieza a desfeminizar gradualmente.) Dejálos que nos esperen. Deben estar contentos pensando que el escondite es tan bueno que no los podemos encontrar.

31

Lucía. Mejor vamos. Pueden estar preocupados.

Ernesto. No trates de distraerme con eso. No eludas el tema. Yo te hice un planteo y quiero saber si puedo tener alguna esperanza de que me des esa oportunidá que te estoy pidiendo.

Lucía. No, no, en serio, no puedo, por favor no lo tomes a mal, pero es algo que no podría soportar.

Ernesto. Pero ¡madre de Dios! ¿Cómo podés saber eso si nunca probaste?

Lucía. La madre de Dios tampoco lo probó.

Escena 5

Pancracio. (Entra, llevando en la mano una gran cuchilla.) ¿Dónde está Tomás? ¿No lo vieron?

Ernesto (Ya totalmente desfeminizado.) No, por acá no pasó.

Lucía. (A Pancracio.) ¿No está escondido contigo?

Pancracio. No. Justamente por eso lo estoy buscando.

Ernesto. Pero los que lo tenemos que buscar somos nosotros.

Pancracio. Espero poder ahorrarles ese trabajo. *(Sale.)*

Escena 6

Lucía. Bueno, dale, vamos a buscar a Adriana y a Tomás.

Ernesto. ¿Dónde te parece que se pueden haber escondido?

Lucía. No sé, pero tenemos que encontrarlos. Si Pancracio los encuentra primero los va a matar.

Ernesto. ¿Pancracio, matarlos? No. Pancracio es incapaz de matar una mosca. Cuando fuimos juntos a las Cruzadas el primer turco que lo vio le hizo "bu" y él se cagó hasta las patas.

Lucía. Sí, yo me acuerdo de eso, yo estaba. Pero Tomás es armenio, no te olvides.

Ernesto. ¿Y eso qué tiene que ver? ¿Sos racista, vos?

Escena 7

Adriana. (Entrando.) ¡Pica Lucía y Ernesto en el living!

Ernesto. (A Lucía.) Puta que la parió, nos encontró.

Lucía. (A Ernesto.) Sí, ¿viste? Yo te dije que este escondite no iba a ser tan bueno.

Escena 8

Tomás. (Entra.) ¡Pica Adriana! ¡Pica Lucía! ¡Pica Ernesto!

Adriana. ¿Y Pancracio?

Tomás. No sé. Es el único que me falta.

Lucía. Para qué.

Tomás. Para terminar con este juego estúpido.

Ernesto. Vos quisiste jugar. Ahora no te quejes.

Escena 9

Pancracio. (Entra, cuchilla en mano.) ¡Pica Tomás!

(Tenso silencio.)

Adriana. ¿Y esa cuchilla?

Pancracio. ¿Qué cuchilla? Ah, ésta. No sé, la debo haber agarrado sin querer cuando revisé el armario de la cocina, para ver si alguno de ustedes estaba escondido ahí. ¿Querés que la vaya a guardar?

Adriana. No, dejála acá, igual, arriba de la mesa.

(Pancracio obedece.)

Lucía. Bueno, al final cómo terminó este juego. Quién ganó.

Ernesto. Eso no importa. Lo importante es que jugamos y nos divertimos.

Adriana. Yo me divertí escuchando la conversación que vos tenías con Lucía.

Pancracio. A mí esa conversación me pareció un bodrio. Bah, en realidá mucho no puedo hablar porque no la escuché toda. Escuché algunas partes, nada más.

Tomás. ¡Esperen! Este juego de las escondidas todavía no terminó. Todavía falta encontrar a uno.

Lucía. A quién.

Adriana. Quién falta.

Tomás. Ah, qué mala memoria que tienen, ¿eh? Así no se puede jugar a las escondidas. Para jugar hay que tener la capacidá de acordarse quiénes son los que están escondidos. De lo contrario pueden pasar dos cosas: que el escondido aparezca de golpe y los mate por la espalda, o que no aparezca nunca más y se pudra para siempre en el olvido.

Pancracio. Bueno, decí quién es, así lo buscamos.

Tomás. ¿Vos tampoco te acordás?

Pancracio. No.

Ernesto. Yo tampoco. ¿Quién es?

Tomás. Bueno, si ninguno de ustedes se acuerda yo no tengo por qué recordarlo, tampoco, así que me lo voy a olvidar. *(Se lleva las manos a la cabeza.)* Ta, ya está. Me lo olvidé.

Adriana. ¿Era hombre o mujer?

Tomás. No sé.

Lucía. ¿Era casado?

Tomás. No sé, carajo. Ya les dije que me lo olvidé.

Ernesto. Bueno, entonces yo pienso un personaje y ustedes tienen que adivinar quién es, ¿ta? Tienen que hacerme preguntas, y yo sólo puedo contestar sí o no. ¿Están de acuerdo?

Pancracio. Sí. ¿Ya lo pensaste?

Ernesto. Sí.

Adriana. Bueno, yo te pregunto primero. ¿Está vivo?

Ernesto. No.

Tomás. ¿Es varón?

Ernesto. No.

Lucía. ¿Soy yo?

Ernesto. No.

Pancracio. ¿Está acá, entre nosotros?

Ernesto. Sí.

Adriana. ¿Trabaja?

Ernesto. Sí.

Tomás. ¿Estudia?

Ernesto. No.

Lucía. ¿Nació acá?

Ernesto. Sí.

Pancracio. ¿Vive en este barrio?

Ernesto. Sí.

Adriana. ¿Es rubio?

Ernesto. No.

Tomás. ¿Fuma?

Ernesto. No.

Lucía. ¿Toma?

Ernesto. Sí.

Pancracio. Yo me doy por vencido. No sé quién puede ser.

Adriana. ¿Es mayor de treinta años?

Ernesto. Sí.

Adriana. Entonces me doy por vencida, yo también.

Tomás. Bueno, voy a pensar una persona yo, entonces. Para que no sea tan difícil les voy a dar una pista: es un personaje imaginario, no existe en la vida real.

Lucía. Bueno, te pregunto yo: ¿es Jaimito?

Tomás. No.

Pancracio. ¿Es... titular de alguna cartera?

35

Tomás. No.

Adriana. ¿Tiene novia?

Tomás. No.

Ernesto. ¿Es inglés?

Tomás. No.

Lucía. ¿Sos vos?

Tomás. (Ríe.) No, no.

Pancracio. ¿Está afiliado a algún partido político?

Tomás. No, que yo sepa, no.

Adriana. ¿Es médico?

Tomás. No.

Ernesto. ¿Es una mujer?

Tomás. No.

Lucía. ¿Es un niño?

Tomás. No.

Pancracio. ¿Fue niño, alguna vez?

Tomás. No. Jamás.

Adriana. Ah, vamos progresando. ¿Es adulto? ¿Fue adulto siempre?

Tomás. No. Tampoco.

Ernesto. Mmmm, esto se pone interesante. Decíme, ¿es varón?

Tomás. No.

Lucía. ¿Es andrógino?

Tomás. No. No sean tan rebuscados, che. La solución es más fácil de lo que ustedes se imaginan.

Pancracio. Yo no me doy cuenta. ¿Es hermafrodita?

Tomás. No. No insistan con eso.

Adriana. Bueno, pero entonces qué es, ¿un animal?

Tomás. No, no es ningún animal.

Ernesto. ¿Es el monstruo de Frankenstein?

Tomás. No. Y no es King Kong, tampoco.

Lucía. ¿Es un vampiro?

Tomás. No.

Pancracio. ¿Es un avión?

Tomás. No.

Adriana. ¿Es un helicóptero? ¿"Lobo del aire"?

Tomás. No.

Ernesto. ¿Es Supermán?

Tomás. No, no es Supermán, ni es Bat Masterson tampoco.

Lucía. ¿Es un extraterrestre?

Tomás. No.

Pancracio. Entonces qué es, ¿una planta?

Tomás. No. No pertenece al reino vegetal.

Adriana. Yo me doy por vencida.

Ernesto. Yo también.

Tomás. Bueno, se los voy a decir: un cronopio.

Adriana. Ah, qué vivo.

Tomás. Sí, ¿viste?

Pancracio. Hiciste trampa, Tomás. Así no vale.

Tomás. Por qué te parece que hice trampa.

Pancracio. No sé por qué. Pero hiciste trampa.

Tomás. Yo no hice ninguna trampa, al contrario, hasta les di algunas
pistas, para que no hicieran tantas preguntas inútiles.

Ernesto. Justamente, por eso hiciste trampa. En este juego no
vale dar pistas. Tenías que haber contestado solamente con sí
o con no.

Adriana. ¿Y si jugamos al ludo, mejor?

Pancracio. Calláte, imbécil.

Adriana. No me callo nada, ¿ta?

Pancracio. Bueno, lo que tú digas, mi amor.

Lucía. (A Pancracio.) ¿Cómo le dijiste?

Pancracio. Perdoná, se me escapó.

Lucía. Esto no me está gustando nada, Pancracio. Si vos tenés
algo con Adriana yo no quiero saber nunca más nada contigo.

Pancracio. Perdonáme, Lucía, por favor, te juro que me salió sin
querer.

Lucía. Bueno, mirá, por esta vez te perdono. Ésta te la voy a
dejar pasar, pero si lo volvés a hacer vos a mí no me ves más.
No sé si fui clara.

Tomás. Esto se está poniendo un poco espeso. Ernesto, te juego un serio, para disipar los ánimos.

Ernesto. Cómo no, será un placer.

Tomás. Vení, sentáte acá, así quedamos bien enfrentados.

Ernesto. Con mucho gusto.

Adriana. Lucía, ¿jugamos uno nosotras, también?

Lucía. Sí, dale. *(Se sienta enfrentada con Adriana.)*

Pancracio. Yo soy el árbitro, ¿ta?

Ernesto. Bueno. Vamos a hacer que no vale hacer morisquetas. ¿Les parece?

Adriana. Sí.

Tomás. Da la señal de largada, Pancracio.

Pancracio. Sí. ¿Quieren jugar con límite de tiempo, o lo hacemos hasta que alguno se ría, nomás?

Lucía. No, no pongas límite. Yo no creo que aguante mucho rato, igual.

Pancracio. Bueno. Va, se largó. *(Se pasea mirando a los contrincantes.)*

(Al rato, Lucía se empieza a entristecer. Tomás y Ernesto se miran impasibles.)

Lucía. Ay.

Adriana. Qué te pasa.

Lucía. *(Con la voz tomada.)* No sé.

(Pancracio se pone cerca de Lucía y empieza a mirar fijo a Adriana. Lucía se pone a llorar, pero sin dejar de mirar a Adriana.)

Tomás. *(Sin dejar de mirar a Ernesto.)* ¿Qué está pasando, ahí?

(No le contestan. Lucía llora intensamente, pero sin bulla.)

Ernesto. Esto va muy parejo, Tomás. Creo que si seguimos vamos a estar así hasta mañana.

Tomás. Por mí no hay problema.

(Lucía sigue llorando. De pronto Pancracio, que había estado mirando fijamente a Adriana con una expresión creciente de asombro, cae desplomado sobre el piso, exánime.)

Lucía. *(Se levanta y se inclina sobre Pancracio.)* Pancracio, mi vida, mi amor, qué tenés. *(Pancracio no reacciona. Lucía no ha parado de llorar.) (A Adriana.)* ¡Lo mataste! ¡Basura, lo mataste!

Ernesto. (Levantándose.) Che, ¿qué está pasando acá? ¡Pancracio! *(Va hacia Pancracio.)*

(Tomás lo sigue.)

Adriana. (A Lucía.) Yo no maté a nadie, qué decís, ¿estás loca?

Lucía. Sí, lo mataste, lo mataste, yo sé que fuiste vos, esa mirada que tenés. Sos una bruja.

Tomás. Calmáte, Lucía. Ernesto, por favor, atendéla. *(Ernesto, que está agachado junto a Pancracio, se incorpora y va con Lucía, apartándola del cuerpo.) (Adriana se mueve de un lado a otro.)* Este muchacho no tiene pulso. Creo que... ya no vive. No puedo entender lo que le pasó.

Lucía. Yo entiendo muy bien lo que pasó. Fue Adriana. Yo vi lo que le salía de los ojos.

Ernesto. Lucía, por favor, serenáte.

Adriana. (A Lucía.) ¿Así que te parece que yo lo maté? *(Ríe.)* Qué gracioso. Mirá si yo voy a matar a alguien con la mirada. *(Ríe a carcajadas.)* Eso no puede ser, ¿verdá? No se puede matar a nadie con la mirada. *(Sigue riendo a carcajadas.)* ¿No es verdá, Lucía?

Tomás. Adriana, andá a acostarte. Vos estás a punto de tener un ataque de histeria.

Ernesto. ¿Qué hacemos, Tomás? Hay que llamar a la policía.

Tomás. La policía hoy no trabaja. Es su día franco.

Ernesto. Cierto. Y Franco murió, para peor. ¿Qué podemos hacer, entonces?

Adriana. ¡Ya sé! Podríamos pedirle consejo a la copa.

Tomás. Buena idea. La copa nos va a decir lo que tenemos que hacer. Andá a buscarla.

Adriana. Sí.

Tomás. Y traé las letras, también.

Adriana. Claro, imbécil. *(Sale.)*

Escena 10

Lucía vuelve junto a Pancracio.

Tomás. Yo voy a traer una vela. Para jugar a la copa es conveniente apagar la luz.
Ernesto. Sí, andá. Andá con Dios.
(Sale Tomás.)

Escena 11

Ernesto. ¿Estás bien, Lucía?
Lucía. No, no me siento muy bien. Estoy triste. Estoy afligida por la muerte de Pancracio.
Ernesto. No sé qué decirte. Te acompaño en el sentimiento.
Lucía. Gracias. Pero me gustaría que me acompañaras también en la parte racional. No solamente en el sentimiento. Me gustaría que pudiéramos... no sé, razonar juntos. Reunirnos en tu casa para resolver problemas de matemáticas. Que vos me plantees acertijos y yo trate de resolverlos.
Ernesto. Ah, ¿te gustan los acertijos? Te voy a decir uno. Es medio parecido al que le puso la esfinge de Tebas a Edipo, pero es distinto. ¿Querés que te lo haga?
Lucía. Sí, dale. Me encantan los acertijos.
Ernesto. Bueno, escuchá. ¿Cuál es el animal que por la mañana es redondo, al mediodía tiene forma alargada, y de noche tiene una parte redonda y otra alargada, como un hongo?

Escena 12

Entran Adriana y Tomás.

Tomás. (A Adriana.) Bueno, vos apagá la luz, que yo voy a prender la vela. *(Pone la vela sobre la mesa y la enciende.)* Arrimen las sillas, muchachos. *(La luz se apaga.)*

Lucía. Jueguen ustedes. Yo prefiero quedarme acá, con Pancracio.

Adriana. (Ordena las letras sobre la mesa, en círculo, con la copa en el medio, dejando la cuchilla en un costado de la mesa, fuera del círculo.) No, así no vale. Tenemos que jugar todos.

Lucía. Empiecen ustedes. Yo voy después, en todo caso.

Ernesto. Bueno, a ver, ¿qué le preguntamos a la copa?

Tomás. Vamos a preguntarle algo sencillo, para empezar. Preguntále cuánto es dos más dos.

Ernesto. Bueno. Pongan los dedos. *(Los tres ponen sus dedos índices sobre la copa invertida.)* Espíritu de la copa, ¿cuánto es dos más dos?

(La copa no se mueve. Esperan.)

Adriana. Se empezó a mover, me parece.

Tomás. No, todavía no.

Adriana. Sí, yo la sentí.

Tomás. No, lo que vos sentiste es porque las moléculas del vidrio están cambiando de lugar unas con otras, pero la copa en sí todavía no se movió.

Ernesto. (A la copa.) Dale, estamos esperando, cuánto es dos más dos.

(La copa no se mueve. Esperan.)

Adriana. Me parece que no quiere contestar.

Ernesto. O capaz que no sabe la respuesta.

Tomás. Shhh, cállense. La copa está pensando.

Ernesto. ¿Pensando? Pero vos qué te creés, ¿que es una computadora? Es un espíritu, Tomás.

41

Adriana. Bueno, vamos a hacerle otra pregunta, a ver si nos contesta.

Ernesto. Preguntále vos, a ver.

Adriana. (A la copa.) Cuánto es la raíz cuadrada de menos uno. *(Esperan.)*

(La copa empieza a moverse.)

Tomás. Se está moviendo, ahora sí.

(Los tres siguen con los dedos el movimiento de la copa.)

Ernesto. ¿A ver? ¿Qué letra es?

Adriana. La i.

(Esperan. La copa se detuvo en la "i".)

Tomás. Qué pasa, ¿no se mueve más?

Adriana. Parece que no.

Ernesto. (A la copa.) Dale, pedazo de espíritu de un tarado, movéte. No estamos para perder tiempo; no nos contestes incoherencias.

Tomás. Está de viva, me parece. Vamos a preguntarle otra cosa.

Adriana. Preguntémosle cuántas personas hay en esta casa, ¿ta?

Ernesto. Sí. *(A la copa.)* Decínos cuántas personas hay en esta casa.

(Esperan. La copa empieza a moverse.)

Adriana. Tocó la ce.

(La copa sigue desplazándose.)

Ernesto. Va a decir cinco, seguramente.

Tomás. Calláte, no condiciones las respuestas.

Adriana. Tocó la i.

Ernesto. ¿Viste? Yo te dije.

Tomás. Shhhht.

Adriana. Tocó la e. *(Silencio. La copa sigue desplazándose.)* Ene. Mirá lo que contestó: cien.

Tomás. Esperá, que todavía no terminó de contestar.

(La copa va al centro del círculo y se detiene.)

Ernesto. Se paró. Dijo cien.

Adriana. Bueno, qué le preguntamos, ahora.

Ernesto. ¿Le preguntamos qué le pasó a Pancracio?

Tomás. Sí, dale.

Adriana. Espíritu de la copa, decínos qué le pasó a Pancracio.

(Esperan. La copa empieza a moverse.)

Tomás. ¿Cuál está tocando, la ele o la eme?

Ernesto. La ele, la ele.

Adriana. Che, qué despacio que va.

(Esperan.)

Tomás. La o.

Ernesto. Lo.

Adriana. Ahora tocó la te.

Ernesto. Lot. Quién era, un personaje de la Biblia, ¿no?

Tomás. Calláte que sigue.

Adriana. (La copa toca la "e".) Lote.

Ernesto. ¿Qué irá a decir? ¿Lotería?

Tomás. Basta de especular, Ernesto, tené un poco de paciencia.

Adriana. Va muy despacio. *(A la copa.)* Movéte más rápido, che.

Tomás. No le digas eso, que no es un caballo.

Ernesto. Ene.

Adriana. No entiendo nada.

Ernesto. Por favor, no contestes incoherencias.

Tomás. Ge. Tocó la ge.

Adriana. Ahora me parece que va un poco más rápido.

Ernesto. O.

Tomás. "Lo tengo." Dijo "lo tengo"...

Adriana. Esperá que sigue.

Ernesto. Y griega. Lotengoy. ¿Qué quiere decir Lotengoy?

Adriana. No sé.

Tomás. Ahora paró. Lo que pasa es que ustedes la están trancando, con tanta conversación. Estoy seguro de que iba a decir "lo tengo yo".

Ernesto. A la mierda.

Adriana. Bueno, vamos a concentrarnos mejor y le hacemos otra pregunta, ¿sí?

Tomás. (A Lucía.) Lucía, dale, vení, integráte al juego, no te segregues.

Lucía. Sí, ya voy.

Ernesto. Dale, te esperamos para hacerle la siguiente pregunta.

Lucía. Bueno. *(Se levanta y se ubica con los demás en la mesa.)*

Adriana. ¿Qué le preguntamos?

Tomás. Esperen. ¿Y Pancracio?

Ernesto. (A Pancracio.) Pancracio, dale, vení. Así jugamos todos.

(Pancracio se levanta y va a sentarse con ellos.)

Adriana. Bueno, piensen una pregunta.

Tomás. A mí no se me ocurre nada.

Ernesto. A ver, qué le preguntamos. ¿Historia? ¿Geografía?

Lucía. Preguntále quién ganó la Segunda Guerra mundial.

Tomás. No, eso no, por favor. No quiero saber lo que puede llegar a contestar.

Adriana. Pancracio, ¿no se te ocurre nada?

Ernesto. Ya sé. Podríamos preguntarle si quiere decir unas palabras por el aniversario.

Tomás. No, dejá, que capaz que nos estropea la fiesta.

Adriana. Preguntá vos, Lucía, que todavía no preguntaste nada.

Lucía. Yo no sé qué preguntar. Que pregunte Pancracio, mejor.

Ernesto. Este juego se está enfriando, me parece. ¿No les gustaría jugar al ritmo?

Adriana. Sí, puede ser.

Tomás. Juguemos unas vueltas. Después seguimos con la copa.

Ernesto. Bueno. Va. *(Empieza a hacer palmas; los otros, menos Pancracio, lo siguen.)* Ritmo/diga usté/nombres de/remedios/por ejemplo/Redoxón.

Lucía. Crotoxina.

Tomás. Aceite de hígado de bacalao. *(Esto dicho muy rápido, para que quepa en el tiempo.)*

Adriana. Estearato de magnesio.

Ernesto. Gamexan.

Lucía. Sulfato de atropina.

Tomás. Piocidex.

Adriana. Ftalato de dietilo.

Ernesto. Té de malva.

Lucía. Dimenhidrinato.

Tomás. Tartrazina.

Adriana. Carboximetilcelulosa.

Pancracio. Formol.

Ernesto. Metoclopramida monoclorhidrato.

Lucía. Agua de arroz.

Tomás. Sal de fruta.

Adriana. Bueno, basta, che, nadie pierde.

Ernesto. ¿Cómo que no? Vos acabás de perder.

Tomás. Adriana tiene razón, vamos a suspender. Este juego es inconducente.

Adriana. Yo no dije eso, imbécil.

Lucía. Vos a Tomás no le vas a decir imbécil, ¿me oíste? No vamos a tolerar que por culpa de una asesina como vos se nos pudra nuestro aniversario de casamiento.

Ernesto. ¿Se casaron, ustedes dos? Yo recién me entero.

Tomás. Claro, porque cuando nosotros nos casamos vos ni siquiera tenías uso de razón. Eras un feto. Eras un prenatal.

Lucía. ¿Pueden parar de pelear? Yo sé por qué nos pasa esto: porque estamos perdiendo el tiempo. Estamos desconformes con nosotros mismos y por eso nos agarramos contra los demás. En vez de estar jugando a estas boludeces, deberíamos conversar sobre temas importantes. Cosas que nos aporten algo a todos.

Adriana. Yo tengo una idea mejor: podríamos ponernos todos a mirar televisión.

Lucía. (Muy contenta.) ¡Sí, dale, me encanta!

Ernesto. Totalmente de acuerdo. ¿Dónde está la televisión?

Adriana. (Mirando hacia todas partes.) ¡La televisión! ¿Dónde está?

Tomás. No la veo.

Adriana. ¡Pero si recién estaba ahí! Ustedes la vieron, ¿verdad?

Lucía. Sí. La televisión estaba ahí desde que ustedes llegaron. Qué raro, ¿no?

Adriana. La televisión estaba ahí, ¿no es cierto? Yo no estoy loca, ¿verdá?

Ernesto. Yo, por lo menos, vi que la televisión estaba ahí. Pero ahora no la veo.

Lucía. Ya sé por qué no la vemos. Porque estamos con la luz apagada. Si prendiéramos la luz, veríamos que la televisión todavía sigue ahí.

Tomás. Puede haber otra explicación.

Adriana. ¿Sí? ¿Cuál?

Tomás. Hipnosis.

Ernesto. Cómo es eso.

Tomás. Alguien pudo habernos hipnotizado, y por sugestión nos convenció a todos de que la televisión no está ahí. Nuestros ojos pueden estar viéndola, pero nuestros cerebros no registran esa percepción. Por el mismo sistema, esta casa podría estar llena de hipopótamos, sin que ninguno de nosotros se diera cuenta.

Lucía. Pero ¿quién nos puede haber hipnotizado?

Tomás. No sé. El hipnotizador puede habernos ordenado que dejáramos de verlo a él también.

Adriana. Eso es ridículo. Yo confío en mis ojos. Nadie me va a poder convencer de que en esta habitación pueda haber alguien más aparte de nosotros cuatro. *(Se refiere, por supuesto, a ella misma, a Lucía, a Ernesto y a Tomás. Ninguno de ellos acusa la presencia de Pancracio, que está sentado e inmóvil.)*

Tomás. Justamente: estás bajo los efectos de la sugestión posthipnótica.

Ernesto. ¿Y cómo podríamos hacer para salir de ese estado?

Tomás. Si ustedes me permiten, yo podría hipnotizarlos y hacer que sean capaces de ver la televisión. Yo no la voy a poder ver, pero ustedes sí, y entonces lo que les voy a pedir es que me vayan contando lo que van viendo. No quisiera quedar marginado del grupo.

Lucía. ¿Y si prendiéramos la luz? Este lugar está muy lúgubre.

Tomás. No. La hipnosis va a funcionar mejor si estamos en penumbra.

Lucía. Bueno, está bien. Pero cuando nos hipnotices hacénos creer que la luz está prendida. Yo, si fuera por mí, en este momento no estaría acá. Estaría en la playa tomando sol.

Tomás. (Acomoda a los otros tres de pie frente a él.) Vengan. Ubíquense así. Los tres mirando para acá. No aparten la mirada de mis ojos.

Adriana. Este juego es desparejo. Vamos a jugar un serio tres contra uno. Vas a perder, Tomás.

(Ya están ubicados y mirándose.)

Tomás. Callate, Adriana. Yo sé lo que hago. Me parece notar que ustedes están cansados. Muy cansados.

Ernesto. ¿Cómo podés hacer para mirarnos a los tres a la vez? Te vas a quedar bizco.

Tomás. No me interrumpas, Ernesto. No gastes energías hablando. Estás cansado... muy cansado... los párpados se te empiezan a aflojar... a vos también, Adriana... sentís el peso de tu pelo que te tira para abajo... Lucía, vos también estás cansada... muy cansada... pero no te vas a caer... ninguno de ustedes se va a caer... los tres son como pájaros, que duermen de pie... sus párpados se están cerrando lentamente...

Ernesto. (Ya bajo influencia hipnótica.) Pero los pájaros no tienen párpados, Tomás.

Tomás. (Suavemente.) Shhhhhhhht. Hubo una mutación en la naturaleza... ahora los pájaros tienen párpados... ustedes son los pájaros... los pájaros ya no tienen alas... tienen párpados para poder dormir...

Adriana. (Bajo influencia hipnótica.) Siento que se me cierran los ojos.

Tomás. Los ojos no... son los párpados los que se te tienen que cerrar... los ojos me los mantenés abiertos, me hacés el favor.

Adriana. Sí, papá.

Tomás. Lucía... cómo estás... cómo te sentís...

Ernesto. Me siento cansado... Tengo sueño.

Lucía. Yo también... quisiera encontrar una rama que esté firme para poder dormir...

Tomás. Ustedes van a dormir cuando yo se los pida... por ahora no... los tres tienen sueño pero no pueden dormir... tienen insomnio... se ponen a contar corderitos...

(Los tres hacen gestos con el índice de una mano, como contando los corderitos.)

Adriana. Veinticuatro.

Tomás. Muy bien... ahí viene saltando uno más. ¿Lo ves?

Adriana. Sí.

Tomás. ¿Vos, Ernesto, lo ves?

Ernesto. No estoy seguro, veo algo, pero...

Tomás. ¿Es algo que salta?

Ernesto. Sssí. Creo que sí.

Tomás. Cómo salta, ¿a ver? Mostrános cómo es que salta.

Ernesto. (Se pone a saltar por la sala.) Así.

Lucía. (Siempre en trance.) Entonces es un canguro, no un corderito.

Tomás. Volvé a tu lugar, Ernesto. *(Ernesto regresa, saltando, y queda como antes, quieto, de pie.)* Muy bien. Vos tenés que hacer todo lo que yo te diga. ¿Estás de acuerdo?

Ernesto. Sí.

Tomás. Yo te había dicho que contaras corderitos, no que contaras canguros.

Ernesto. Sí.

Tomás. ¿Cómo explicás tu desobediencia?

Ernesto. No sé... alguna mutación de la naturaleza.

Tomás. ¿En el futuro vas a volver a desobedecerme?

Ernesto. No.

Tomás. Muy bien. Quiero que me presentes a tus hermanas.

Ernesto. Sí. Sonia, te presento a Tomás.

Adriana. Mucho gusto.

Tomás. No, vos no sos Sonia, vos sos Adriana.

Lucía. Sí. Soy Adriana.

Tomás. No, vos no sos Adriana, vos sos Lucía. Muchachos, esto así no funciona, tienen que prestar más atención. Así no vamos a ningún lado. Ustedes tienen que escucharme y obedecerme, ¿está claro?

Ernesto. No. Está oscuro.

Adriana. Hay muy poca luz acá adentro.

Lucía. No vemos nada. Los corderos parecen ovejas negras.

Tomás. Eso se va a solucionar. Ahora olvídense de todo, no hay corderos, no hay ovejas, no hay nada. ¿Entienden?

Ernesto. Sí.

Tomás. No hay pájaros... todo está tranquilo... nada perturba la paz... todo está quieto... ustedes no pueden moverse... no pueden hablar... ustedes no pueden hacer nada que yo no les pida. Sus personalidades se disuelven... se deshacen... ahora ustedes son parte de mí... sin mí no son nada... Lucía, ¿me estás escuchando?

Lucía. No hay ninguna Lucía. Sólo hay unos brazos, unas piernas y una cabeza que responden a la voluntá de Tomás.

Tomás. Muy bien, muy bien. Ahora quiero que esas piernas vengan hacia mí. *(Los tres avanzan hacia Tomás.)* No, así no. Ernesto y Adriana se quedan quietos. *(Los tres se detienen.)* Muy bien. Ahora, Lucía, vas a seguir avanzando hacia mí, y vas a venir conmigo a mi cuarto, y vas a hacer todo lo que yo te diga. *(Lucía no se mueve.)* Ahora. Vamos, Lucía, empezá a caminar.

Adriana. No hay ninguna Lucía. Ahora todos somos parte de la misma cosa.

Tomás. Muy bien. Entonces ahora yo les ordeno que se separen. Lucía... ahora sos una persona... ya no estás fundida con los demás...

Lucía. Soy independiente.

Tomás. Sí, sos independiente pero igual tenés que hacer lo que yo te diga. Quiero que vengas hacia mí.

Lucía. No puedo verte. Necesito más luz.

Tomás. ¿Más luz? Bueno, muy bien. Prestá atención. El cuarto se va iluminando de a poco... *(efectivamente, la luz vuelve, gradualmente)*... ahora todo se ve más claro... es como si estuviera la luz prendida... ¿ahora me podés ver, Lucía?

(Pancracio se cae de la silla.)

(Ernesto, Adriana y Lucía salen del trance hipnótico.)

Adriana. ¿Eh?

Ernesto. ¿Qué pasó?

Tomás. (Se hinca junto a Pancracio.) ¡Pancracio!

Lucía. (Acercándose también.) Está muerto.

Ernesto. Pero ¿cómo pudo haber pasado esto?

Adriana. No sé, yo lo último que me acuerdo es que Tomás nos hipnotizó para que pudiéramos mirar televisión.

Lucía. ¿Y te acordás lo que viste?

Adriana. Sí. Dinastía.

Ernesto. Yo vi el programa de la National Geographic.

Tomás. Qué bueno. ¿De qué se trataba?

Ernesto. Mostraban distintas partes de Australia, canguros, y todo eso.

(Ya nadie se preocupa por Pancracio.)

Adriana. ¿Y vos, Lucía? ¿Viste algún programa?

Lucía. Sí, una película.

Ernesto. ¿Era buena?

Lucía. Sí, pero un poco larga.

Tomás. ¿No la vas a contar?

Lucía. Sí, si quieren.

Ernesto. Esperá. Hay una cosa que no entiendo. ¿Cómo en el mismo tiempo Adriana y yo pudimos ver programas que duran una hora, mientras que vos viste una película, que tiene que haber durado como una hora y media o dos?

Tomás. Es un problema de tiempo subjetivo, Ernesto.

Adriana. Pero si todos estábamos mirando la misma televisión, ¿cómo pudimos ver tres programas diferentes?

Pancracio. (Desde el piso.) Porque los televisores tienen varios canales, boluda.

Adriana. Ah, sí. Claro.

Ernesto. (A Pancracio.) Vos no podés hablar porque estás muerto. Si la policía te escuchara, enseguida vendrían, te llevarían y te encerrarían en un cementerio.

Pancracio. (Se levanta.) Es que yo no estoy hablando, en realidad. Todo es una ilusión que tienen ustedes, porque están bajo los efectos de un trance hipnótico.

Tomás. Eso no es cierto. Yo los había hipnotizado, pero después los desperté.

Pancracio. Estás equivocado. Vos también estás en trance en este momento, y para demostrártelo voy a chasquear los dedos y te vas a despertar. ¿Entendiste?

Tomás. Sí, pero no te creo.

(Pancracio chasquea los dedos, y Tomás cae muerto.)

Lucía. (Acercándose a Tomás.) ¡Tomás!

Ernesto. (Tomándole el pulso a Tomás.) No respira.

Adriana. (A Pancracio.) Dijiste que lo ibas a despertar, pero lo mataste.

Tomás. No. Ése es su estado natural. Sus movimientos y sus palabras eran pura ilusión. Cuando yo chasqueé los dedos, los que despertaron fueron ustedes.

Ernesto. Pero si él ya estaba muerto, entonces, ¿quién fue el que nos hipnotizó?

Lucía. (A Pancracio.) Además, si nosotros nos despertamos del trance cuando vos chasqueaste los dedos, ¿cómo puede ser que ahora te veamos moverte y te escuchemos hablar? Vos tendrías que estar ahí, tirado en el piso.

Pancracio. Sí. Es verdá. No sé qué decirte.

Adriana. Este asunto es muy complicado. Yo diría que nos dejáramos de discutir y que busquemos otro juego para divertirnos.

Lucía. ¡Sí! Podríamos jugar al cuarto oscuro. Uno se esconde en un lugar y los demás tienen que ir tanteando todo hasta que lo encuentran.

Ernesto. A mí me parece bien, pero primero tenemos que aclarar una cosa: yo con cadáveres no juego, así que vos, Pancracio, ponéte en tu lugar y no te tomés atribuciones que no te corresponden.

Pancracio. Está bien, está bien. No te enojes. *(Se acuesta en el piso, y queda exánime.)*

Ernesto. Así me gusta: las cosas claras.

Adriana. Bueno, vamos a empezar. ¿Quién se esconde?

Ernesto. Yo. Ustedes apaguen la luz y empiecen a buscarme.

Lucía. ¿No podríamos vendarnos con pañuelos, mejor? Yo prefiero.

Ernesto. Es lo mismo. Como quieran. Yo acá tengo uno, si necesitan. *(Saca un pañuelo.) (O puede ser uno que use como "echarpe".)*

Lucía. Yo tengo. *(Saca un pañuelo y se venda con él.)*

Adriana. (A Ernesto, tomando el pañuelo que él ofrece.) Gracias. *(Se venda.)*

Ernesto. Bueno, yo me voy a poner en un lugar de esta habitación, y ustedes tienen que encontrarme. *(Se va para un rincón.)*

Lucía. (Comienza ya a caminar, vendada, tanteando con las manos.) No vale cambiarse de lugar, Ernesto, ¿eh?

Ernesto. Sí.

Adriana. (Tantea la mesa.) ¿Sos vos, Ernesto?

Ernesto. No.

Adriana. ¿Y por qué tenés la voz tan parecida?

Ernesto. Yo no estoy ahí, yo te estoy hablando desde acá, tarada.

Adriana. (Sigue tanteando la mesa.) ¿Y yo a quién estoy tocando, entonces? (Silencio.) *(Adriana manotea la cuchilla que está sobre la mesa y sigue caminando por el resto de la habitación con la cuchilla en la mano.)*

Lucía. ¿Encontraste algo, Adriana?

Adriana. Yo no, ¿y vos?

Lucía. (Se topa con el cuerpo de Tomás.) Yo sí. Dale, Ernesto, levantáte, te encontré.

Adriana. ¿Lo encontraste?

Lucía. Sí. Dale, Ernesto, no jodas, levantáte. Tenés que ser buen perdedor.

Adriana. *(Se topa con el cuerpo de Pancracio.)* ¡Ernesto! ¡Te encontré!

Lucía. ¿Qué? ¿Vos también lo encontraste?

Adriana. Sí, acá está.

Lucía. ¿Pero entonces cuántos Ernestos hay?

Adriana. No sé. Yo acá tengo uno.

Lucía. Esto no me gusta nada, Adriana. Yo me voy a sacar la venda.

Adriana. Si te sacás la venda perdés.

Lucía. No me importa. Estoy muy nerviosa. Tengo miedo.

Adriana. No seas maula. Tenés que seguir.

Lucía. No quiero. Esto me pone mal. Me voy a sacar la venda.

Adriana. *(Va en pos de Lucía.)* Si te sacás la venda te mato.

Lucía. No, no hagas eso. Tengo la venda puesta, no me la saqué.

Adriana. *(La persigue.)* No te creo. Estoy segura de que te la sacaste.

Lucía. Te estoy diciendo que no. Si no me creés sacáte vos la venda y vas a ver.

Adriana. ¡Ah, querés que yo me saque la venda para que quede descalificada! ¡Me querés hacer perder! Pero no te voy a dar el gusto. Te voy a matar.

Lucía. No, Adriana, en serio, por favor. Me siento mal.

Adriana. Es tu fin, Lucía. Preparáte.

Lucía. ¡No, no te me acerques! ¡Aaahh! *(Se desmaya.)*

Adriana. Lucía. ¿Dónde estás?

Ernesto. *(Sale del rincón.)* No sigas, Adriana. Lucía se desmayó.

Adriana. *(Se saca la venda, y deja la cuchilla sobre la mesa.)* Entonces gané yo. ¡Qué suerte! Hoy gané en casi todos los juegos que jugamos.

Ernesto. ¿Sí? Yo conozco un juego en el que estoy seguro que si jugamos te gano.

Adriana. Qué juego, ¿el amor? Si te agarro te doy ocho vueltas, no tengo ninguna duda.

Ernesto. No, no es ese juego. Es un juego que se llama "desde el jardín". Es así, mirá: uno prende la televisión, ¿no? Y el otro tiene que...

Adriana. (Lo interrumpe.) Pero Ernesto, la televisión no está.

Ernesto. (Mirando en distintas direcciones.) ¡Puta que los parió! ¡Otra vez, se la llevaron! No se puede, con esta gente. Bueno, no sé a qué podemos jugar.

Adriana. Yo tengo un juego. Mirá, es como el serio, pero al revés. Tenemos que mirarnos y reírnos sin parar. El que se queda serio pierde.

Ernesto. Bueno, dale, te juego.

(Toman dos sillas y se sientan en ellas frente a frente, pero con las sillas enfrentadas por los respaldos, a cierta distancia.)

Adriana. Empezamos cuando yo diga "ya". Prontos. Listos. ¡Ya!

Empiezan a emitir carcajadas sueltas, primero, sin convicción, en proceso de crescendo cuantitativo y cualitativo. En el clímax de las carcajadas, Adriana se pone a toser, y la tos se le mezcla con la risa, hasta que el acceso de tos se apodera completamente de ella. Cae al piso y sigue tosiendo hasta que muere. Ernesto sigue riendo a mandíbula batiente hasta que comienza un decrescendo en las carcajadas, terminando en carcajadas sueltas, espaciadas, puramente mecánicas y cada vez más débiles.

Fin

El ama de llaves

El ama de llaves

El ama de llaves

1984

Fue estrenada el 15 de agosto de 1992 en el Café Laberinto (Montevideo), bajo la dirección de Leo Maslíah y con el siguiente reparto:

El señor Dotti:	Leo Maslíah
Inés:	Sylvia Roig
Andrés:	Riki Musso
El inspector Ferrer:	Tomás Blezio
Juan Alberto:	Olivier Noël

La "acción" transcurre en una sala de la supuesta casa del supuesto señor Dotti.

Escena 1

Dotti. Inés, yo la hice venir aquí porque...

Inés. ¿Sí?

Dotti. Escuche, Inés, usted sabe lo que pasó con Andrés y aquella otra muchacha, no me acuerdo ahora cómo se llama, este...

Inés. Beatriz.

Dotti. No, Beatriz no es, estee...

Inés. Claudia.

Dotti. No, no es Claudia.

Inés. Rufina.

Dotti. No; cómo es que se llama esta chica...

Inés. Milca.

Dotti. No, no es Milca. Pero Inés, ¿entonces usted no sabe lo que pasó?

Inés. ¿Qué pasó?

Dotti. Bueno, no fue nada grave. Obedeció solamente a un sentimiento de celos, que por otra parte es muy natural en una muchacha de la edad de..., de..., cómo es que se llama, este...

Inés. Sonia.

Dotti. No.

Inés. Delia.

Dotti. No, no es Delia.

Inés. Edith Sandra.

Dotti. No, no es ninguna de esas chicas. Además yo no tendría nada que decir de ellas. En fin, no importa, el caso es que el hecho, felizmente, no tuvo mayor relevancia.

Inés. ¿Pero qué fue lo que pasó?

Dotti. Es como le digo, Inés. Las muchachas a veces se ponen un poco celosas y en fin, usted comprende.

Inés. Pero no comprendo, señor Dotti. ¿Qué fue lo que ocurrió?

Dotti. No se preocupe, Inés, no se preocupe. Además, para su tranquilidad, permítame asegurarle que usted no se vio para nada involucrada. Créame que yo jamás lo habría permitido.

Inés. ¿Pero qué pasó, señor Dotti? ¿Por qué me hizo venir a su despacho?

Dotti. Bueno, Inés, le voy a hablar sin rodeos. Después de lo que pasó entre Andrés y esta chica de que le hablé recién, no recuerdo ahora el nombre...

Inés. Sofía.

Dotti. No.

Inés. Esther.

Dotti. No, Inés, no se trata de Esther.

Inés. Judith.

Dotti. No.

Inés. Julia.

Dotti. No, no.

Inés. Marta Sánchez.

Dotti. No, Dios la perdone.

Inés. María de Lourdes.

Dotti. Pero Inés, ¿usted sinceramente cree que María de Lourdes podía haber estado allí ese día?

Inés. ¿Dónde? ¿Qué día?

Dotti. Déjelo, no importa. Todo eso ha sido superado. Inés, hay algo que quiero que usted sepa.

Inés. Sí, ¿qué es? ¿Qué es lo que tiene que decirme?

Dotti. Usted ya dejó de ser una adolescente y podrá comprenderlo. Ayer de tarde yo no pude ocultar mi desazón cuando doña
Amparo me contó lo de Andrés y...

Inés. ¿Y quién?

Dotti. Ahora no me sale el nombre. Es esa chica que le nombré
hace unos instantes.

Inés. Rosa.

Dotti. No, ya le dije que no es Rosa.

Inés. Diana.

Dotti. No.

Inés. Entonces no sé quién puede ser.

Dotti. (Enojado.) ¡Pero caramba, Inés! ¡Usted la ve todos los días!
Cómo es que se llama...

Inés. Graciela.

Dotti. No.

Inés. Dinora.

Dotti. No.

Inés. Úrsula.

Dotti. (Muy enojado.) ¡Ya le dije que no!

Inés. Linur.

Dotti. No.

Inés. Nahir.

Dotti. No.

Inés. ¿Entonces quién es?

Dotti. Si yo lo supiera, créame que se lo diría.

Inés. Pero ¿entonces no lo sabe?

Dotti. (Enojado.) ¡Claro que lo sé! Pero en este momento no lo
recuerdo. Inés, ¿tiene usted alguna idea de lo que me motivó
a hacerla venir aquí?

Inés. No. Dígame. Lo escucho.

Dotti. Usted aprecia a Andrés, ¿verdad?

Inés. ¡Claro!

Dotti. Desea lo mejor para él, ¿no es cierto?

Inés. Supongo que sí.

Dotti. Sin embargo esta chica, cómo es que se llama...

Inés. Leonor.

Dotti. No.

Inés. Nancy.

Dotti. ¡No!

Inés. María Dolores.

Dotti. (Muy enojado.) ¡Ya le dije que no!

Inés. (También enojada.) Entonces no sé.

Dotti. Vamos, Inés, recién hablábamos de ella, no sé cómo se me escapó el nombre.

Inés. Bueno, pero ¿qué pasa con ella?

Dotti. ¡Cómo! ¿No se enteró?

Inés. No.

Dotti. Todo el mundo lo sabe; usted también debe haber escuchado algún comentario. Usted sabe, algún chisme.

Inés. Le juro que no, señor Dotti.

Dotti. De todos modos no importa. Se puede vivir muy bien sin conocer esos detalles de la vida ajena.

Inés. Sin embargo, señor Dotti, me gustaría igual saber algo sobre eso que pasó con Andrés y aquella chica.

Dotti. ¿Qué chica?

Inés. Usted hablaba recién de ella.

Dotti. De quién.

Inés. De esa chica que...

Dotti. Que qué. No entiendo lo que me quiere decir. Inés, hágame un favor, siga mi consejo.

Inés. ¿Qué consejo?

Dotti. Una muchacha fina y culta como usted lo comprenderá enseguida.

Inés. ¿Qué cosa?

Dotti. No quiero afectar su sensibilidad con precisiones que no vienen al caso. Prométame que procederá con buen tino, Inés.

Inés. Sí, pero ¿con respecto a qué?

Dotti. ¿Usted se ha visto con Andrés en los últimos, digamos, dos días?

Inés. No.

Dotti. Pero estoy seguro de que debe haber escuchado algo.

Inés. ¿De qué?

Dotti. Bueno, si no lo sabe creo que quizás sea mejor que continúe así.

Inés. ¡Pero santo Dios, dígame qué es!

Dotti. Simples escenas familiares; usted sabe, cuestión de celos.

Inés. ¿Celos de quién?

Dotti. Andrés no procedió adecuadamente. Prométame que usted no hará lo mismo.

Inés. Claro que no, pero no sé de qué se trata.

Dotti. Sé que usted es una buena chica y que es incapaz de causar problemas.

Escena 2

Andrés. (Entrando.) Acabo de sufrir un accidente. *(Su aspecto es normal.)*

Inés. ¡Qué horror! Hay que llamar a un médico enseguida.

Andrés. No..., no, ya estoy bien.

Dotti. ¿Está seguro?

Andrés. Sí, sí, no se preocupe.

Inés. ¡Pero Andrés, usted sufrió un accidente!

Andrés. Lo sé... Pero deje, no importa.

Inés. (A Dotti.) Señor Dotti, hay que llamar a un médico.

Andrés. No, por favor, no.

Dotti. Andrés, usted necesita atención médica.

Andrés. Puedo asegurarle que me siento bien; muchas gracias.

Inés. ¿No cree que de cualquier manera sería bueno conocer la opinión de un facultativo?

Dotti. ¡Claro! Eso es lo que haría falta.

Andrés. No, no, en serio. Me encuentro perfectamente.

Dotti. ¡Pero Andrés, usted acaba de sufrir un accidente!

Andrés. Sí, pero por fortuna ya estoy bien.

Inés. Por las dudas, ¿puedo llamar a un médico?

Andrés. No es necesario que se moleste, Inés, en serio se lo digo.

Dotti. El doctor Pereira vendría enseguida si lo llamamos.

Inés. Sí, él es muy servicial.

Andrés. Ya lo sé; sé que es un excelente médico.

Inés. ¿Lo llamo, entonces?

Andrés. No, Inés, insisto, me siento bien. Muy bien.

Dotti. Inés, llame al doctor.

Andrés. Pero por favor, entiendan, no tengo nada. Ya estoy completamente repuesto.

Dotti. Usted no puede estar seguro de eso. Se necesita una opinión autorizada. Tenga en cuenta que usted..

Andrés. Qué.

Inés. Que acaba de sufrir un accidente.

Instantes de quietud y silencio.

Escena 3

Andrés. Bueno, tengo que irme. Varias personas me esperan.

Dotti. Un momento, Andrés, por favor; qué tonto soy, no se me ocurrió ofrecerles nada. Es que mi ama de llaves está de vacaciones, y...

Inés. No importa, señor Dotti, yo estoy perfectamente bien.

Dotti. Permítanme de todas maneras ofrecerles una copa.

Andrés. Agradezco su buena disposición, señor Dotti, pero estoy bien así.

Dotti. ¿Usted, Inés? ¿Acepta un trago?

Inés. No, gracias. Gracias de todos modos.

Dotti. ¿Usted, Andrés? ¿Qué puedo servirle?

Andrés. Nada, nada, muchas gracias.

Dotti. ¿Inés? ¿Qué dice usted?

Inés. Le agradezco, pero no quiero. No se moleste, señor Dotti.

Dotti. ¡Pero si no es ninguna molestia! ¿Qué le preparo?

Inés. No, en serio, señor Dotti, no quiero nada, muchas gracias.

Dotti. ¿Usted, Andrés? ¿Qué apetece?

Andrés. ¡Por favor, señor Dotti! Tanto Inés como yo estamos muy bien así.

Dotti. No se apure a responder por los demás, Andrés. Estoy seguro de que Inés gustaría servirse una copa. *(A Inés.)* ¿Estoy en lo cierto, Inés?

Inés. Lo siento, señor Dotti, no apetezco. Andrés tiene razón. Los dos estamos muy bien así.

Dotti. ¿Van a decirme que no aceptan un trago? ¡Vamos!, ¿qué clase de jóvenes son? ¿Qué le sirvo, Andrés?

Andrés. A mí nada, gracias, ya le dije.

Dotti. ¿Usted, Inés?

Inés. No, yo tampoco. De todas formas, gracias.

Dotti. No haga cumplidos.

Inés. No son cumplidos, señor Dotti, le juro que estoy bien así, no se preocupe, gracias.

Dotti. ¡Pero cómo! ¿No van a tomar nada? Miren lo que tengo aquí. *(Saca de algún lado un tarro de mayonesa.)* Andrés, vea esto. ¿No le parece que es una buena ocasión para vaciarlo?

Andrés. No.

Dotti. (Muestra a Inés el tarro.) Mire, Inés, observe.

Inés. No conozco esto. Creo que nunca probé.

Dotti. ¿Nunca probó? ¡Entonces vamos a descorcharlo enseguida!

Inés. No, por favor, por mí no. Yo estoy bien así. No sé si Andrés...

Andrés. No, por mí no lo destape. Le agradezco.

Dotti. Está bien. Entonces..., ¿en otra ocasión, quizá?

Andrés. Sí, eso es. En otra ocasión.

Inés. No faltará otra ocasión.

Dotti. ¿Qué les parece mañana? Los invito a los dos para maña-na. Brindaremos los tres juntos.

Inés. Me parece una idea estupenda.

Andrés. Magnífico.

Dotti. Mañana será la ocasión propicia. Creo que... les debo a los dos una disculpa. No debí apresurarme.

Andrés. No se preocupe, señor Dotti. Todo está bien.

Inés. Perdonen, pero... acabo de recordar que tengo que ir de compras. Nos veremos mañana. (*Da la mano a Dotti.*) Hasta mañana, señor Dotti.

Dotti. Adiós, Inés. (*Sin soltarle la mano.*) Y por favor, tenga en cuenta mi consejo. No se precipite, actúe con prudencia; mantenga buen criterio. ¿Lo promete?

Inés. (*Tratando de zafar la mano.*) Sí, se lo prometo, señor Dotti.

Dotti. Hoy hemos conversado usted y yo como dos personas maduras, capaces de reflexionar.

Inés. Sí, voy a tener en cuenta todo eso. (*Logra zafarse. Tiende la mano a Andrés, que se la toma de modo "normal".*) Adiós, Andrés.

Andrés. Adiós.

(*Inés se va.*)

Escena 4

Dotti. (*Trata de alcanzar a Inés, pero no llega.*) ¡Inés! (*A Andrés.*) Qué muchacha excelente. Es una lástima que haya tenido que retirarse tan temprano.

Andrés. Ahora que lo menciona, señor Dotti, yo también tengo que irme. Se me está haciendo tarde.

Dotti. Sí, Andrés. No voy a retenerlo. Sé que usted es un hombre muy ocupado.

Andrés. Sí. He asumido numerosas responsabilidades.

Dotti. ¿Recientemente?

Andrés. Algunas sí..., otras no.

Dotti. ¿A qué responsabilidades se refiere?

Andrés. Cada una de mis ocupaciones genera docenas de responsabilidades.

Dotti. Por supuesto, por supuesto. Ya decía yo que usted es una persona sumamente ocupada.

Andrés. Sí. A veces ansío... disponer de más tiempo libre. Aunque, por cierto, en caso de tenerlo lo emplearía para desempeñar ciertas ocupaciones que ahora tengo relegadas por falta de tiempo.

Dotti. ¿Qué ocupaciones, Andrés? Perdone, no debí preguntarle eso. Soy un meterete.

Andrés. Se trata de trivialidades, señor Dotti. Usted sabe, cosas sin importancia; pero que deben hacerse, de todos modos.

Dotti. Es natural. El desempeño de cualquier función exige dedicación aun en las tareas de escaso interés.

Andrés. Sí. Habitualmente me rijo por ese precepto.

Dotti. Entonces ya tiene la mitad de la partida ganada.

Andrés. ¿Y la otra mitad?

Dotti. Confío en que su talento y su vitalidad le permitirán ganarla también.

Andrés. Eso espero. Bien, señor Dotti, temo que deba regresar a mis quehaceres.

Dotti. Sí, sí, adelante. No vaya a ser que por culpa mía descuide usted algún compromiso.

Andrés. Le quedo agradecido, aunque a decir verdad no...

Dotti. ¿Qué ocurre? ¿No hay compromisos de por medio?

Andrés. Bueno, sí, los hay en el sentido de que toda obligación contraída los... presupone. Usted sabe que mi agenda está siempre muy nutrida.

Dotti. Sí, usted es un hombre muy ocupado. Eso lo he venido notando desde hace mucho tiempo. Quizá mi curiosidad no esté del todo satisfecha en lo que se refiere a la índole de sus ocupaciones, pero en fin, no me haga caso. Disculpe, creo que no fue muy cortés de mi parte decirle esto último.

Andrés. No se preocupe; mis ocupaciones no tienen nada de particular. Ojalá dispusiera yo de tiempo para pintar, para bucear. Pero no: debo permanecer atado todo el tiempo a...

Dotti. ¿A qué?

Andrés. A mis quehaceres.

Dotti. Sí, comprendo. Aunque es poco lo que usted me ha dicho al respecto.

Andrés. ¿A qué respecto?

Dotti. Me refiero a sus ocupaciones.

Andrés. Ah, sí, desde luego.

Dotti. ¿No ha pensado en... hacer un viaje?... Para descansar, para reponer energías.

Andrés. Bueno, alguna vez lo pensé, pero...

Dotti. Entiendo; un hombre ocupado como usted seguramente tiene dificultades para encontrar esos momentos de esparcimiento.

Andrés. Reconozco que mis obligaciones no me dejan mucho tiempo para eso.

Dotti. Es un poco enojoso, ¿verdad?

Andrés. Sí; pero, en fin, tengo que aceptar esa situación. Al menos transitoriamente.

Dotti. ¿No consideró usted la posibilidad de... hacer un viaje... para... cambiar un poco?

Andrés. Lo pensé, pero creo que no podría.

Dotti. ¿Por qué?

Andrés. Varios asuntos me reclaman aquí.

Dotti. ¿Asuntos de qué... de qué...? ¿Qué clase de asuntos, Andrés?

Andrés. Ah, en su mayoría cosas sin importancia. Pero tengo que resolverlas. No puedo dejar todo en este estado.

Dotti. Claro; usted es como yo: no podemos dejar las cosas a medio hacer.

Andrés. Sí, me enferman los asuntos que quedan pendientes.

Dotti. Sin embargo, yo creo que en un caso como el suyo, un

viaje puede ser muy provechoso. Para despejarse, para reno-
varse. ¿No ha pensado en eso?

Andrés. Es que no podría ausentarme ahora. Mis ocupaciones se
verían seriamente afectadas.

Dotti. Admiro su sentido de la responsabilidad, pero yo le hablo
de un viaje corto: no más que unos pocos meses.

Andrés. Es una buena idea, pero para mí, lamentablemente, es
impracticable; al menos por un tiempo.

Dotti. Comprendo. Usted necesita tiempo para resolver sus problemas, para... encaminar sus diversas actividades.

Andrés. ¡Claro! Tengo que poner orden en mis cosas. Todas ellas
requieren mi atención.

Dotti. Sí, es primordial que usted las atienda. Escuche, Andrés,
lo que voy a decirle ahora es importante: si en algún momento yo pudiera serle útil en algo, por favor no vacile en avisar-
me. Puede usted disponer de mí cuando quiera.

Andrés. Muchas gracias, señor Dotti. Le prometo tenerlo en cuenta.

Dotti. Para eso están los amigos.

Andrés. Es una gran cosa para mí saber que puedo contar con
usted.

Dotti. Pero ¿entonces antes no lo sabía?

Andrés. Claro que lo sabía, pero ahora puedo comprobarlo.

Dotti. Sí. Puede pedirme lo que quiera.

Andrés. ¿En serio?

Dotti. ¡Claro! Es lo que estoy tratando de decirle.

Andrés. ¿Qué es lo que está tratando de decirme?

Dotti. Lo que le acabo de decir. Que recurra a mí cuando sea
preciso. En cualquier circunstancia.

Andrés. ¿En cualquier circunstancia? ¿De verdad, señor Dotti?

Dotti. ¡Desde luego que sí! ¿Acaso cree que yo podría retacearle
mi colaboración?

Andrés. No quiero decir eso. Sólo pensaba que, bueno, que usted
también tendrá sus asuntos que atender, y yo no soy quién
para entorpecerlos.

Dotti. Pero Andrés, hay tiempo para todo. Será que yo no soy una persona tan ocupada como usted.

Andrés. Es afortunado.

Dotti. No, más bien creo yo que usted es un hombre demasiado ocupado. ¿Nunca se le ocurrió... hacer un viaje, para reposar un poco? Conocer otros sitios, otra gente. Tomarse unas vacaciones, usted sabe.

Andrés. Me temo que por ahora mis quehaceres me lo impidan.

Dotti. ¿Qué clase de quehaceres puede haber que se antepongan a un merecido viaje de reposo?

Andrés. Es que no podría viajar tranquilo, pensaría constantemente en los asuntos que me ocupan.

Dotti. Dígame, Andrés, ¿hay alguno de esos asuntos que... que sea notoriamente más importante que los demás? ¿Alguno que no pueda desatenderse —por viaje o por lo que sea— bajo ningún justificativo?

Andrés. Sí.

Dotti. ¿Cuál es?

Andrés. Pienso que... pienso que todos. Todos deben resolverse, desde el más inocuo hasta el más engorroso.

Dotti. ¿Y cuál es el más engorroso?

Andrés. Me es difícil responderle. Todos son engorrosos.

Dotti. Pero usted dijo que... ¿no mencionó usted que algunos eran algo así como... inocuos?

Andrés. Sí, es verdad. Usted tiene razón, señor Dotti. Debo haberlo dicho. Discúlpeme, creo que estoy un poco distraído. Es que no puedo dejar de pensar en...

Dotti. ¿En qué?

Andrés. En mis quehaceres.

Dotti. Sí..., claro. Perdone, creo que están tocando el timbre. La semana pasada tuve que despedir a mi ama de llaves, así que... tendré que ir yo mismo a ver quién es.

Andrés. Lo acompaño, señor Dotti. Yo me tengo que ir de todos modos.

Dotti. Creí que íbamos a cenar juntos.

Andrés. Eso sería maravilloso, señor Dotti.

Dotti. Entonces haré los preparativos.

Andrés. No, no, espere, es que no puedo quedarme.

Dotti. ¿Por qué?

Andrés. Otro día se lo explicaré, señor Dotti, tengo que retirarme ahora.

Dotti. Espere, Andrés, voy a ver quién está en la puerta y enseguida continuaremos discutiendo el asunto. *(Se va.)*

Andrés. Pero... *(Hace un gesto de fastidio. Entra Inés.)* ¡Inés!

Escena 5

Inés. Hola, Andrés.

Andrés. ¿Usted aquí? ¿No se iba de compras?

Inés. Es que tuve que regresar... Olvidé algo aquí.

Andrés. ¿Qué olvidó? Quizá yo pueda ayudarla a buscar.

Inés. No, no se moleste. ¿El señor Dotti?

Andrés. ¿No lo vio? ¿No fue él quien le abrió la puerta?

Inés. No. No lo vi al entrar.

Andrés. Es curioso. Quizá se dirigió a la puerta de atrás.

Inés. Pero ¿adónde iría?

Andrés. No lo sé. Escuche, Inés, quisiera aprovechar que estamos solos para conversar un asunto con usted.

Inés. ¿Qué cosa es?

Andrés. Mire, Inés, yo... ¿cuánto hace que nos conocemos, Inés?

Inés. No recuerdo bien. Creo que... hace bastante, ¿no?

Andrés. Sí, por cierto, pero...

Inés. ¿Usted no lo sabe?

Andrés. ¿De qué habla? ¿Hay... algo que yo... tenga que saber?

Inés. Me refiero al tiempo que hace que no conocemos.

Andrés. Ah, sí, desde luego.

Inés. ¿Usted cree que yo... hablaba de... alguna otra cosa?

Andrés. No..., es que no sabía. No comprendí su pregunta en un primer momento. Pues bien, ¿cuánto hace que la conozco, Inés?

Inés. Es que no sé... algunos años, ¿no?

Andrés. Sin duda, pero.... ¡ah!, ¡si pudiera recordar la cantidad exacta de tiempo!

Inés. Sí... yo... lo lamento, pero no puedo ayudarlo en eso.

Andrés. ¿Le incomoda el tema?

Inés. ¿Qué tema?

Andrés. No sé, lo que hablábamos. Si usted prefiere podemos conversar sobre otra cosa.

Inés. Pero si no sé sobre qué estamos conversando.

Andrés. Ni yo tampoco, claro. No hablábamos de nada en particular.

Inés. Claro.

Andrés. Sí.

Inés. Usted mencionó que quería aprovechar... esta ocasión para... hablar de algo conmigo. ¿Qué quería decirme?

Andrés. ¿Dije eso? Sí, claro, es cierto. Sólo que... ahora no recuerdo bien lo que tenía que decirle.

Inés. Es una pena.

Andrés. Sí..., pero ya lo recordaré, no se preocupe. Podemos hablar de cualquier otra cosa mientras tanto.

Inés. Sí.

Andrés. ¿Qué fue lo que olvidó aquí, Inés? ¿Por qué tuvo que regresar?

Inés. Ah, no fue nada en especial, no importa, se lo aseguro.

Andrés. Menos mal. Por suerte.

Inés. Sí.

Andrés. Inés...

Inés. ¿Sí?

Andrés. No sé si usted se habrá dado cuenta de que yo...

Inés. Adelante, siga, que usted qué.

Andrés. No, dejemos esto. No es momento para hablar de estas cosas.

Inés. ¿Qué cosas?

Andrés. En fin, Inés, yo... No, otro día se lo diré.

Inés. ¿Es eso lo que pensaba decirme hoy? ¿Lo que había olvidado?

Andrés. No, no era eso, no.

Inés. ¿Qué era, entonces?

Andrés. Era algo... irrelevante, por favor, no se preocupe por eso.

Inés. Está bien.

Andrés. Inés...

Inés. ¿Sí?

Andrés. ¿Qué opina de mí?

Inés. ¿Era eso lo que quería preguntarme?

Andrés. No, no; en realidad no era eso.

Inés. ¿Entonces por qué me lo preguntó?

Andrés. Bueno, porque... de todos modos me gustaría saberlo.

Inés. Bien, se lo diré.

Andrés. No, espere. No debí importunarla con eso. Creo que fue una pregunta tonta. No tiene por qué tenerla en cuenta. Hablemos de otra cosa.

Inés. Bueno, si a usted le parece preferible.

Andrés. Sí..., a menos que usted insista.

Inés. ¿Insistir en qué?

Andrés. En nada, discúlpeme, no sé por qué dije eso. ¿Así que... fue de compras, Inés? ¿Qué compró?

Inés. Ah, nada de importancia.

Andrés. ¿Utensilios para los quehaceres domésticos?

Inés. ¿Para cuáles quehaceres domésticos?

Andrés. No me refería a ninguno en especial.

Inés. Comprendo. No, no era eso.

Andrés. Claro, perdone. No sé por qué lo pensé. Fue lo primero que se me ocurrió.

Inés. Es que usted es muy espontáneo, Andrés.

Andrés. ¿Le parece?

Inés. Sí; siempre dice lo primero que se le ocurre, ¿no es así?

Andrés. Sí, supongo que sí. Inés, yo...

Inés. ¿Sí?

Andrés. Hace poco, en una revista leí que hará cuestión de cincuenta o cien años era cosa frecuente que los padres concertaran los matrimonios de sus hijos. ¿Cree usted que procedían correctamente?

Inés. Es posible que para la época en que vivían ése fuera el criterio correcto, pero no creo que mantenga su vigencia hoy en día.

Andrés. ¿No? ¿Y por qué cree que en algún momento ese criterio tuvo validez?

Inés. Bueno, supongo que de no tenerla no lo hubieran usado.

Andrés. Sí, eso suena sensato.

Inés. ¿Por qué me preguntaba eso, Andrés?

Andrés. ¿Qué cosa? ¿Se refiere a la... concertación de los matrimonios por los padres?

Inés. Sí.

Andrés. No lo recuerdo. Fue... lo que se me ocurrió en ese momento. Será que soy... espontáneo, como dice usted.

Inés. Sí, seguramente fue eso.

Andrés. Inés, ¿sabe que...?

Inés. Qué.

Andrés. No..., es que aquella revista mencionaba algunas cosas más, pero no puedo recordarlas.

Inés. Lástima.

Escena 6

Entra el señor Dotti.

Dotti. ¡Inés! ¿Usted aquí, de vuelta?

Inés. ¿Cómo está, señor Dotti?

Dotti. Bien.

Andrés. Inés olvidó algo y tuvo que regresar.

Dotti. (A Inés.) Qué contrariedad; aunque por supuesto estoy encantado de tenerla aquí, con nosotros.

Andrés. Sí, Inés estaba conmigo... aquí.

Inés. Estábamos preocupados, señor Dotti.

Andrés. Sí: ¿dónde estaba usted?

Dotti. Oh, en fin, yo...

Andrés. ¿Había salido?

Dotti. No, no, no había salido, es que...

Inés. (A Andrés.) Quizá el señor Dotti estaba cansado y fue a su recámara... a recostarse un poco.

Dotti. ¿Me cree usted tan desconsiderado? No podría haber hecho eso sabiendo que tenía visitas.

Andrés. Claro, además usted me dijo que había oído el timbre y...

Dotti. Lo que ocurre es que yo salí de aquí con la intención de abrir la puerta pero...

Andrés. ¿Acaso algo lo hizo cambiar de idea, señor Dotti?

Dotti. Sí, eso es. Tuve que cambiar súbitamente de idea.

Inés. ¿Es que... hay algo que ande mal, señor Dotti?

Dotti. No, no, todo está bien, todo está muy bien.

Andrés. Pero estamos preocupados por usted, señor Dotti, ¿qué fue lo que pasó?

Dotti. Oh, no fue nada, es que sentí...

Inés. ¿Qué sintió?

Andrés. ¿Se sintió mal?

Dotti. No, no, no quiero que piensen eso.

Inés. Ya sé. Usted tenía hambre y fue a la cocina a ver si encontraba algo.

Dotti. No, Inés, no fue eso. No estuve en la cocina. Además mi ama de llaves está de vacaciones.

Andrés. No habrá sufrido usted ningún desmayo, ¿verdad, señor Dotti?

Dotti. No, no, nada de eso.

Inés. (A Andrés.) Quizá mientras nosotros conversábamos aquí, el señor Dotti estaba en el pasillo aferrándose a las paredes para tenerse en pie.

Dotti. Oh, no, ¡qué imaginación, Inés! Me alegra ver que se preocupan tanto por mí. Pero pueden estar tranquilos, no sufrí ningún desmayo; ni siquiera un mareo. Por fortuna disfruto de una buena salud; al menos por ahora.

Inés. No diga eso, señor Dotti.

Andrés. (A Dotti.) ¿Está seguro de que ahora se siente bien?

Dotti. ¡Claro! Como un roble.

Andrés. Usted me inquieta, señor Dotti, ¿no le habrá pasado nada mientras Inés estaba aquí conmigo?

Inés. Creo que el señor Dotti necesitaba estar un momento solo, y quizá lo pasó en la sala de ajedrez. Eso no debería importarnos, Andrés.

Andrés. Claro, es que yo temía que...

Dotti. Les ruego que no se acongojen; no estuve en la sala de ajedrez.

Inés. ¿En el salón de pintura, quizá?

Dotti. No, nada de eso.

Inés. (A Andrés.) Entonces el señor Dotti se recluyó un instante en la sala de música.

Andrés. (A Inés.) Sí, eso es. *(A Dotti.)* ¿Estaba allí, verdad, señor Dotti?

Dotti. No; lo siento, pero no.

Andrés. ¿Entonces dónde estaba? Señor Dotti, se lo pregunto no por indiscreción, sino porque...

Dotti. (Lo interrumpe.) Sí, lo sé, lo sé, pero les repito, no hay por qué preocuparse, es que de golpe sentí que *(se toca el vientre)*...

Inés. ¿Se siente usted bien, señor Dotti?

Dotti. Sí, sí, descuide.

Andrés. Deberíamos llamar a un médico.

Dotti. No, déjeme explicarle, es que de golpe tuve la sensación de que...

Inés. ¿Qué sensación?

Dotti. Estoy seguro de que ustedes deben haberla sentido alguna vez.

Andrés. ¿A qué alude usted, señor Dotti?

Dotti. ¿No me comprenden? Es que tuve que ir a... ¿cómo decirlo?

Inés. Andrés, creo que no deberíamos insistir en esto. Se ve que al señor Dotti le resulta penoso hablar del asunto.

Andrés. Pero es que quizá esté en nosotros poder ayudarlo.

Dotti. No, Andrés, muchas gracias, pero esas son cuestiones que se resuelven personalmente. Además, ya lo hice.

Andrés. ¿Hizo qué?

Dotti. Ah, vamos, Andrés, no me diga que usted nunca... *(A Inés.)* O usted, Inés, estoy seguro de que muchas veces tiene que haber frecuentado el...

Inés. ¿El qué?

Dotti. No, perdonen; es posible que yo esté equivocado; que las cosas no funcionen exactamente como yo pensaba.

Andrés. Nos faltan elementos de juicio para poder darle la razón, señor Dotti.

Dotti. No es necesario que me la den. Olvídense de esto, ¿sí?

Inés. ¿Está seguro? ¿No necesita ayuda?

Andrés. Si se le ofrece algo en especial, puede contar con nosotros.

Dotti. No, les repito que no; son ustedes muy amables.

Inés. Andrés, ¿no deberíamos retirarnos? El señor Dotti quizá necesita estar solo unos momentos.

Dotti. Le aseguro que no. Pueden quedarse todo el tiempo que quieran.

Andrés. ¿No lo estaremos estorbando, señor Dotti?

Dotti. ¿Estorbando? No, por el contrario.

Inés. (A Andrés.) El señor Dotti es demasiado bueno y no nos quiere pedir que nos vayamos.

Dotti. Inés, por favor no siga, eso es absurdo. Les ruego que se queden.

Escena 7

Entra Ferrer.

Ferrer. Con permiso. ¿El señor..., eh... *(consulta un papel),* Bartolomé Francisco Dotti Peralta?

Dotti. ¿Quién es usted? ¿Cómo entra en una residencia privada sin tocar el timbre?

Ferrer. Le pido perdón, es que no vi ningún timbre. Soy *(saca un carné)* el inspector Ferrer, de la policía.

Dotti. ¿Y qué se le ofrece?

Inés. ¿Qué pasó, inspector?

Ferrer. ¿Alguno de ustedes es el señor... eh... Bartolomé Dotti Peralta?

Dotti. Sí. Soy yo.

Ferrer. Señor Dotti, queda arrestado por el delito de violación. Cinco mujeres presentaron cargos contra usted.

Andrés. ¡Eso es imposible!

Dotti. No termino de entender. ¿Cargos contra mí?

Ferrer. Así es, señor Dotti.

Dotti. ¿Por qué causa?

Ferrer. Violación.

Dotti. ¿Qué dice? ¿Violación?

Ferrer. Sí.

Dotti. ¡Pero no puede ser!

Inés. Inspector, por favor entienda que el señor Dotti jamás pudo haber hecho esas cosas. Él sería incapaz.

Andrés. Inspector Ferrer: usted está poniendo en duda la integridad moral de nuestro amigo, el señor Dotti. Y eso es muy grave.

Ferrer. Soy consciente de la gravedad del asunto, señor... eh...

Andrés. Laborde. Andrés Matos Laborde.

Inés. Inspector Ferrer: comprenda que se trata de un error. ¿No es así, señor Dotti?

Dotti. ¡Claro! Es una equivocación. Sin duda.

Andrés. ¡Una trágica equivocación!

Inés. ¿Lo ve usted, inspector?

Ferrer. Quisiera creer en ustedes, pero *(a Inés)* ¿le parece que cinco mujeres puedan equivocarse? ¿Cree usted que cinco mujeres pueden cometer el mismo error en la identificación del hombre que abusó de ellas?

Dotti. ¿Quiénes son esas mujeres? Deberían hacerlas ver por un psiquíatra. Es evidente que no están en su sano juicio.

Ferrer. Esas mujeres fueron sometidas a varios tipos de exámenes, para que fuera verificada la exactitud de su declaraciones.

Andrés. ¿Fueron vistas por un médico? ¿Se pudo dictaminar si efectivamente habían sido violadas o si...?

Ferrer. (Lo interrumpe.) Señor Matos: esas cinco mujeres no sólo presentaban señales evidentes de haber sido violadas, sino que además tenían en sus cuerpos todo tipo de contusiones, hematomas, torceduras y hasta algunas heridas cortantes.

Dotti. ¡Dios mío!

Inés. Sepa, inspector Ferrer, que el señor Dotti no tuvo nada que ver con eso.

Ferrer. Aun cuando yo creyera lo que me dice, señorita, mi opinión no importa. La acusación fue hecha y el señor Dotti debe ser juzgado por lo que hizo.

Dotti. ¿Por lo que hice? ¿Y se puede saber qué hice?

Ferrer. Me refiero a los cargos que le mencioné.

Dotti. Esos cargos carecen de validez. Ya le dije que esas mujeres son enfermas mentales.

Ferrer. La violación de enfermas mentales no deja de ser un delito. Además no creo que su opinión sea suficiente para asegurar ese diagnóstico.

Andrés. No voy a permitir que se ponga en tela de juicio la erudición y la solvencia cultural de *(señala a Dotti)* este caballero.

Ferrer. No es ésa mi intención Comprenda que yo sólo vine a cumplir con mi deber.

Inés. Señores, por favor, creo que deben tranquilizarse, es absurdo que riñan por esto. Todos sabemos que se trata de una confusión.

Andrés. Tiene usted razón, Inés. Yo ya me estaba acalorando inútilmente.

Inés. El inspector deberá reconocer que se equivocó de persona.

Dotti. Eso espero.

Ferrer. Bien, empecemos de nuevo. ¿Es usted *(consulta sus papeles)* el señor Bartolomé Francisco Dotti Peralta, sí o no?

Dotti. Por supuesto que lo soy. No tengo por qué ocultarlo.

Ferrer. Entonces no hay más que hablar. Queda arrestado.

Andrés. Eso sí que no.

Ferrer. Usted tendrá que callarse o tendré que arrestarlo también, por entorpecer la labor de la justicia.

Inés. Eso suponiendo que la justicia está de su parte.

Ferrer. Yo sólo soy un instrumento. Soy un asalariado que hace lo que le mandan hacer.

Andrés. Entonces hágalo bien. No arreste a cualquier inocente sólo para simplificar su trabajo.

Inés. Afuera hay un monstruo degenerado haciendo de las suyas y usted está aquí perdiendo tiempo y haciendo el ridículo en la casa de un caballero respetable.

Ferrer. El acusado es él: no es ningún otro. Si es culpable o inocente se verá después; por el momento tengo la orden de arrestarlo.

Dotti. Escuche: yo no quiero dificultades. Nunca las busqué.

Ferrer. Lo lamento. No puedo hacer nada al respecto.

Inés. Sí que puede, inspector.

Ferrer. Explíquese.

Andrés. Yo se lo voy a explicar: lo que tiene que hacer es ponerse a trabajar ya mismo en la captura del verdadero delincuente.

Ferrer. Eso se hará sólo si se comprueba la inocencia de este señor. Y eso no creo que ocurra.

Andrés. Ocurrirá siempre y cuando haya buena voluntad de parte de ustedes.

Ferrer. No, no, señor; las cosas no son así.

Inés. ¿Y cómo son, entonces? Lo que pasa es que usted no quiere dar el brazo a torcer.

Andrés. Eso es. Debe reconocer que se equivocó de casa.

Dotti. Todo fue un malentendido, ¿no creen ustedes?

Inés. Sí, señor Dotti, así fue, un malentendido.

Ferrer. Quisiera saber entonces cómo explican ustedes lo que pasó.

Inés. Ése es su trabajo. Nosotros no tenemos por qué explicar la inconducta ajena.

Ferrer. Si es ajena o propia, se verá.

Andrés. ¿Insinúa que yo tuve algo que ver con esos hechos aberrantes?

Ferrer. No compliquemos las cosas, por favor: usted sabe que me refiero al señor Dotti.

Dotti. Le repito, inspector, que yo no sé nada de esas mujeres. Ni siquiera las conozco. No siga insistiendo con sus acusaciones porque voy a salirme de mis casillas.

Ferrer. Ellas presentaron pruebas contra usted.

Andrés. Permítame esas pruebas. Quisiera examinarlas personalmente.

Ferrer. ¿Qué es lo que quiere que le dé? No son pruebas escritas.

Dotti. ¿Lo ve usted, Andrés? Todo está basado en conjeturas.

Ferrer. Vi a esas cinco mujeres, señor Dotti.

Inés. ¿Y bien?

Ferrer. (A Inés.) Me gustaría que usted las viera. Se convencería de que hay algo más que conjeturas.

Dotti. Eso me tiene sin cuidado. Sé que yo no soy culpable.

Inés. Me pregunto quién será el responsable de este equívoco.

Andrés. Yo creo que habría que apresar, no sólo al verdadero culpable de las violaciones, sino a los que se atrevieron a acusar al señor Dotti.

Ferrer. Fueron las propias víctimas quienes dijeron eso. ¿Cree usted que, amén de haber sido violadas, merezcan prisión esas mujeres?

Inés. Inspector Ferrer: la figura moral de este hombre *(señala a Dotti)* merece ser preservada a cualquier precio.

Dotti. (Llevándose una mano a la cabeza.) No me siento bien.

Andrés. (Acercándose a Dotti para ayudarlo.) ¿Qué le ocurre?

Inés. (Acercándose también.) ¡Señor Dotti! ¿Se siente mal?

Dotti. No..., es que... no me siento bien.

Inés. (Lo sienta en una silla.) Venga, venga, recuéstese acá. Se sentirá mejor.

Andrés. (Al inspector.) ¿Ve lo que hizo? Consiguió aniquilar anímicamente al señor Dotti.

Inés. (A Dotti.) Oh, por favor, reaccione, Bartolomé, ¿se siente usted bien?

Dotti. No, realmente no.

Inés. (A Andrés.) Andrés, ¿qué podemos hacer? *(Al inspector.)* ¡Usted, sea útil en algo!

Andrés. (Al inspector.) ¡Consiga una ambulancia! *(A Dotti.)* ¿Cómo está, señor Dotti?

Dotti. No lo sé.

Ferrer. (A Dotti.) ¿Está seguro de que se siente mal?

Dotti. Usted retírese. Sepa que su presencia no me hace ningún bien.

Ferrer. Pero...

Andrés. ¡Ya oyó lo que dijo el señor Dotti! ¡Retírse! Y llame una ambulancia cuanto antes.

Inés. Descanse, descanse, señor Dotti. *(Lo abanica con una revista o algo así.)*

Dotti. Sí. Gracias.

Andrés. (A Dotti.) Pronto se sentirá mejor. *(A Ferrer.)* ¡Usted! ¿Qué espera para irse?

Ferrer. (Saca un papel.) No puedo irme solo. Traje esta orden de arresto y debo cumplir con ella.

Andrés. Permítame ese papelucho. *(Lo toma, lo lee rápidamente y lo rompe.)*

Ferrer. ¿Qué hace? ¿Está loco?

Andrés. Ese documento no estaba fundado en hechos reales.

Ferrer. ¡Señor Matos! ¡Queda usted arrestado! *(Lo toma del brazo.)*

Andrés. ¡Suélteme! ¿Qué se ha creído usted?

Ferrer. (Empuja a Andrés hacia afuera.) ¡Vamos! Tendrá que responder ante la justicia por lo que hizo.

Dotti. ¡Cálmese, inspector!

Ferrer. (Vuelve a tomar a Andrés de un brazo.) Señor Dotti, no abandone su domicilio.

Andrés. Ya le dije que me soltara.

Inés. ¡Suéltelo, inspector! ¡Él ya le dijo que lo soltara!

Ferrer. (Se va llevando a Andrés.) Nada de eso. Vamos, camine.

Andrés. Esto le costará caro. Tengo muchos amigos en las esferas gubernamentales.

Ferrer. Explíquele eso al comisario. ¡Vamos!

(Desaparecen Andrés y Ferrer.)

Escena 8

Dotti. (Mostrando aún sentirse mal.) Inés, no permita que se lo lleven.

Inés. Temo que ya es tarde.

Dotti. Bueno, Andrés tiene muchas vinculaciones *(Dotti evidencia recuperación.)* Estoy seguro de que saldrá del paso.

Inés. Sí, supongo que sí.

Dotti. Andrés es un muchacho muy habilidoso, muy desenvuelto.

Inés. Sí.

Dotti. Sabrá deshacerse de esos tipos molestos.

Inés. Espero que sea como usted dice.

Dotti. Sí. ¿No cree, Inés, que... deberíamos distraernos un poco?

Inés. ¿Ya se siente mejor, señor Dotti?

Dotti. Sí. Estoy bien.

Inés. ¿No le convendría... descansar un poco más? Yo podría retirarme, así usted...

Dotti. No, ni lo piense, Inés. Esta situación me ha puesto un poco... confuso; así que su compañía me hará bien.

Inés. Quizá si durmiera unas horas se sentiría mejor. Debe olvidar lo que pasó, señor Dotti.

Dotti. Sí, intentaré olvidar. No estoy acostumbrado. Debo... aprender a olvidar.

Inés. Eso es. Mirar hacia adelante.

Dotti. ¿No le parece, Inés, que podríamos... tratar de... distraernos un poco?

Inés. Sí, creo que es una buena idea, pero... ¿qué propone usted hacer?

Dotti. Bueno, usted sabe, me refiero a... algún género de distracciones..., algo en que pudiéramos ocupar el tiempo usted y yo.

Inés. Oh, sí, desde luego, señor Dotti, pero...

Dotti. ¿Qué le ocurre?

Inés. Es que... me preocupa Andrés. ¿Qué suerte correrá?

Dotti. ¿Andrés? No me haga reír. Estoy seguro de que a estas horas debe estar en su casa. El que quizá se encuentre en problemas es el inspector Ferrer, por ocasionar perjuicios a gente respetable.

Inés. Ojalá sea así.

Dotti. ¡Claro! Debe usted confiar en mí. ¿Qué dice?

Inés. ¿Sobre... qué?

Dotti. ¿Se distraerá conmigo, Inés?

Inés. Por supuesto, pero, ¿qué clase de pasatiempo es el que usted... propugna?

Dotti. Inés, tiene que confiar en mí.

Inés. Claro que confío, señor Dotti, pero ¿de qué me está hablando usted?

Dotti. Tranquilícese, Inés, creo que está un poco nerviosa. *(Le ofrece una silla.)* Siéntese por aquí. Debe usted relajarse.

Inés. No, gracias, señor Dotti. Estoy bien así.

Dotti. Inés, usted no está cooperando.

Inés. ¿En qué?

Dotti. Ya le dije que confiara en mí.

Inés. Sí, pero ¿con respecto a qué?

Dotti. Me refiero a nosotros.

Inés. ¿Y qué hay con nosotros?

Dotti. No sea tan terca, Inés.

Inés. Señor Dotti, usted no tiene derecho a hablarme de esa forma.

Dotti. Tiene razón; le pido mil disculpas. Creo que... me extralimité. Es que todo lo que pasó hoy... no sé, fue demasiado para mí.

Inés. Comprendo. Necesita descansar, ¿verdad, señor Dotti?

Dotti. Puede que sí. Aunque más bien pienso que lo que me haría falta sería... divertirme, entretenerme.

Inés. Podría ir al cinematógrafo.

Dotti. Oh, no, nada de eso.

Inés. Bien, señor Dotti, creo que ya es tiempo de que me vaya.

Dotti. No, por favor, no se vaya; ya le dije que la necesito aquí.

Inés. ¿Me necesita? ¿Para qué?

Dotti. Bueno, es que pienso que los hechos acaecidos en este día fueron muy penosos, tanto para usted como para mí, y creo que los dos merecemos... celebrar que todo haya arribado a feliz término.

Inés. ¡Andrés! Me había olvidado de Andrés. Me preocupa lo que le pueda haber pasado.

Dotti. No tenga cuidado. Ese pillastre se las arregla muy bien solo.

Inés. Sí, pero es que puede estar en problemas; puede estar entre rejas.

Dotti. No creo que haya reja capaz de retener a ese muchacho. Él conoce mucha gente influyente.

Inés. Pero ¿le darán la oportunidad de recurrir a ellos?

Dotti. El inspector Ferrer se encargará de eso.

Inés. No sé si creer en el inspector Ferrer.

Dotti. Vamos, Inés. Confíe en mí. No tiene por qué preocuparse.

Inés. Qué tonta soy. Tiene razón.

Dotti. ¡Claro! Todo se resolverá.

Inés. Es usted muy bueno, señor Dotti.

Dotti. No diga eso. Yo sólo trato de... poner las cosas en su lugar. Eso es todo.

Inés. Sí.

Dotti. Bien, Inés, ¿qué le parece si ahora nos ocupamos un poco de nosotros mismos?

Inés. ¿A qué se refiere?

Dotti. Quiero decir que no todo es pensar en los demás. También hay que contemplarse un poco uno mismo.

Inés. Ah, sí, desde luego.

Dotti.. Todo irá bien entre usted y yo; se lo aseguro, Inés.

Inés. ¿Qué es lo que irá bien? Temo que no lo comprendo. *(Repentinamente asustada.)* ¡Señor Dotti!

Escena 9

Dotti. ¿Qué pasa?

Inés. Me pareció ver que hay alguien ahí... en el zaguán.

Dotti. ¿Y por qué supone usted que pueda haber alguien?

Inés. No es que lo suponga, es que... me pareció verlo.

Dotti. No sea tan imaginativa, Inés. Usted sabe perfectamente que estamos solos aquí.

Inés. Eso es lo que yo creía, pero *(se sobresalta)* ¡mire, se movió!

Dotti. No se sugestione, Inés. Los fantasmas no existen; usted lo sabe perfectamente.

Inés. No hablo de fantasmas. Hay alguien ahí, una persona.

Dotti. Quizá sea sólo un gato, o un perro.

Inés. Pero en esta casa no los hay, ¿verdad?

Dotti. No sé, Inés. Nunca me ocupé de controlar esas cosas, Mi ama de llaves lo hacía.

Inés. ¿Y qué hay de su ama de llaves?

Dotti. Oh, ella padece... una enfermedad.

Inés. Por favor, señor Dotti, vaya a echar un vistazo. Estoy segura de que alguien trata de esconderse allí, en el zaguán.

Dotti. Inés: hace más de veinte años que me domicilio aquí, y jamás vi que nadie pretendiera introducirse furtivamente.

Inés. Pero señor Dotti, es que la puerta de calle puede haber quedado abierta.

Dotti. Es posible. Pero aun así me resisto a creer que haya alguien en ese zaguán. ¡Bah! Ni siquiera es un zaguán.

Escena 10

Entra Ferrer.

Ferrer. ¿Bien, señor Dotti?

Inés. ¡Inspector Ferrer!

Dotti. (A Ferrer.) ¿Qué ocurre? ¿Cuál es la causa de que usted se atreva a entrar en mi casa por segunda vez, sin ser llamado?

(A Inés.) ¿Es este sujeto el fantasma que tanto le molestaba?

Inés. No, creo que no. Lo que vi fue una figura más pequeña.

Ferrer. ¿De qué están hablando?

Inés. Alguien estaba escondido en el zaguán. Estoy segura.

Ferrer. ¿Quién era?

Dotti. (A Ferrer.) ¿Por qué no va usted a fijarse? ¿No es acaso... policía?

Ferrer. No entiendo quién podría tener un motivo para ocultarse en su casa.

Dotti. ¿Eso qué importa? El hecho es que una persona se está burlando de nosotros, y si usted no tiene valor para afrontarla, iré yo. Con permiso. *(Se va.)*

Escena 11

Inés. ¿Qué pasó con Andrés? ¿Qué hizo con él, inspector?

Ferrer. Bueno, él...

Inés. ¿Ocurrió algo?

Ferrer. El señor Matos intentó...

Inés. ¿Qué cosa?

Ferrer. Bueno, él... opuso resistencia.

Inés. ¿Trató de escapar?

Ferrer. Sí, así es. Eso es lo que trató de hacer.

Inés. ¿Y? ¿Qué pasó entonces?

Ferrer. Bueno, usted sabe, si una persona es detenida por la policía, no debe hacer eso.

Inés. Lo sé. Pero dígame qué pasó con Andrés. ¿Se encuentra bien?

Ferrer. Señorita, el señor Matos cometió un error. Un error sumamente grave, y por lo tanto... no menos costoso.

Inés. ¿Qué hizo?

Ferrer. Bueno, es lo que le decía, trató de huir. Intentó escapar.

Inés. ¿Y qué hizo usted?

Ferrer. Me limité a cumplir con mi deber.

Inés. ¿Y cuál es su deber? Por favor, no me obligue a hacerle tantas preguntas. Quiero saberlo todo.

Ferrer. Yo más bien le aconsejo... dejar de preocuparse por eso.

Inés. Pero Andrés es mi amigo. Estoy interesada en conocer su estado.

Ferrer. Creo que mi tío Gómez tenía razón cuando decía que la curiosidad de las mujeres es insaciable.

Inés. Ese tío suyo no era muy original.

Ferrer. ¿De veras? ¿Por qué lo dice?

Inés. ¡Oh, vamos, inspector! Dígame de una vez por todas qué pasó con Andrés.

Ferrer. Ya se lo dije. Cometió una imprudencia.

Inés. ¿Y usted lo castigó?

Ferrer. Podría decirse que sí.

Inés. ¿Qué le hizo?

Ferrer. Fue una cuestión de... rutina policiaca. *(Pronunciar así, por favor.)*

Inés. Yo no sé nada de eso. Explíquemelo.

Ferrer. No vine aquí a dictar cursos de instrucción básica.

Inés. Entonces me dirigiré a sus superiores. *(Se dispone a salir.)* Tengo que ayudar a Andrés.

Ferrer. Espere, la necesito aquí. Debo hacerle algunas... preguntas.

Inés. Puedo negarme a contestar.

Ferrer. No, no puede. De ningún modo.

Inés. Bien. ¿Qué quiere saber?

Ferrer. Primeramente dígame su nombre completo.

Inés. Inés Martínez.

Ferrer. ¿Es todo?

Inés. ¿Qué quiere que agregue? Me llamo así.

Ferrer. Entiendo. (*Consulta uno de sus papeles.*)

Inés. ¿Qué tiene ahí?

Ferrer. Espere un momento. Su nombre figura aquí.

Inés. ¿Qué es eso?

Ferrer. Usted es una de las cinco denunciantes del señor Dotti. (*Inés le da la espalda.*) No comprendo. Si Dotti abusó de usted, ¿qué está haciendo en su casa?

Inés. Eso no le incumbe. Su deber es arrestar a los que componen figuras delictivas.

Ferrer. ¿Como el señor Dotti?

Inés. Por ejemplo.

Ferrer. Eso se hará, no lo dude. Sólo que...

Inés. ¿Qué cosa?

Ferrer. No, no es nada. Iba a decir una estupidez.

Inés. Bien, inspector, ¿qué preguntas quería hacerme?

Ferrer. Oh, ninguna en especial. Sólo buscaba... cierta información.

Inés. ¿Concerniente a qué?

Ferrer. A este caso, por supuesto.

Inés. Bien. Lo escucho.

Ferrer. ¿Puede describirme a la persona que, en su opinión, se ocultaba en el zaguán?

Inés. ¿Ésa es una de las preguntas que quería usted hacerme hoy?

Ferrer. A decir verdad, no.

Inés. ¿Entonces?

Ferrer. Contéstela de todos modos.

Inés. Sí. Era una persona pequeña.

Ferrer. ¿Un niño?

Inés. Puede ser.

Ferrer. ¿O un enano quizá?

Inés. No había pensado en eso. Es posible.

Ferrer. ¿Era hombre o mujer?

Inés. No lo sé. Sólo vi que...

Ferrer. ¿Qué? ¿Qué es lo que vio?

Inés. Olvídelo, no iba a decir nada.

Ferrer. Insisto, señorita, dígame qué es lo que vio.

Inés. Descuide, inspector; sólo iba a decir un contrasentido.

Ferrer. Sin embargo...

Inés. ¿Sin embargo qué?

Ferrer. Nada..., nada.

Inés. Bien, inspector Ferrer, si no tiene más preguntas...

Ferrer. Qué.

Inés. Me retiro.

Ferrer. No la entiendo, señorita Inés.

Inés. ¿Qué es lo que no entiende? ¿Durante su larga carrera nunca vio que una persona quisiera retirarse de algún lugar en algún momento?

Ferrer. He presenciado situaciones así. Pero nunca en un caso como éste.

Inés. ¿Por qué? ¿Qué tiene este caso de particular?

Ferrer. ¿Cómo tiene usted el valor suficiente para pasar por ese zaguán, en el cual, según dijo usted, se oculta una persona, sin que se conozcan sus intenciones?

Inés. Es que... supongo que el señor Dotti ya se hizo cargo de ese intruso.

Ferrer. Disculpe usted, pero me llama poderosamente la atención que confíe tanto en el hombre que la privó de su inocencia.

Escena 12

Entra Dotti.

Dotti. ¿Todavía está aquí, inspector?

Ferrer. Así es, como ve.

Dotti. No creí que tuviera la osadía de permanecer en mi residencia.

Ferrer. ¿Por qué? ¿Acaso me vio salir?

Dotti. No. Y le confieso que su insolencia me sitúa en el colmo del asombro.

Ferrer. Yo soy quien debería estar asombrado. Usted se retira de aquí con el pretexto de revisar el zaguán, y luego efectúa declaraciones inequívocamente demostrativas de no haber permanecido allí. De lo contrario no se asombraría de verme aquí todavía, ya que para salir yo hubiese debido pasar por el zaguán.

Inés. (A Ferrer.) Es usted muy rebuscado.

Dotti. Su cháchara me aburre, inspector Ferrer; y acerca de su insistencia en mantenerse dentro de mi casa, debo decirle que ella no es un hotel ni un club de entretenimientos.

Ferrer. Le recuerdo que estoy aquí por un asunto policiaco.

Dotti. Pues mi casa no servirá a ningún policía para colonia de vacaciones.

Ferrer. Si tuviera vacaciones, esté seguro de que no las pasaría aquí.

Inés. Señores, yo me voy, con su permiso.

Dotti. No, Inés, por favor, no me deje a merced de este fulano.

Inés. Pero ¿qué puedo hacer yo, señor Dotti?

Dotti. (A Inés.) Dígale que se vaya.

Inés. (A Ferrer.) Retírese. Ya oyó al señor Dotti.

(Mientras Inés dice eso, a Dotti se le cae —o deja caer— una billetera.)

Ferrer. Se le cayó su billetera, señor Dotti.

Dotti. ¿Cómo dice?

Ferrer. Su billetera.

Dotti. (A Inés.) No sé de qué me está hablando.

Inés. (A Dotti.) Creo que él... se refiere a... una billetera.

Ferrer. (Recoge la billetera del piso.) Esta billetera. Se le acaba de caer.

Inés. Perdone usted, pero... el señor Dotti no usa billetera.

Ferrer. Vi perfectamente cuando se le cayó. No pretendan engañarme.

Dotti. Entonces... quizá alguien la introdujo entre mis ropas.

Inés. ¿Cuando fue al zaguán, quizá?

Ferrer. (Revisando la billetera.) No contiene ninguna identificación. Pero trae mucho dinero.

Dotti. Es extraño.

Ferrer. ¿No es suyo este dinero, señor Dotti?

Dotti. Permítame examinarlo. *(Ferrer se lo da y Dotti lo estudia.)* No. Este dinero no es mío. Éste no es mi dinero.

Inés. Qué curioso. ¿Quién sería capaz de desprenderse así de tanto dinero?

Ferrer. (Retoma el dinero.) Tendré que estudiar el caso. Por el momento conservaré esta billetera.

Dotti. Eso es, inspector, consérvela.

Inés. Así develará el misterio.

Dotti. Confiamos en su agudeza, inspector Ferrer.

Ferrer. Ya veré qué puedo hacer.

Dotti. Discúlpeme, creo que el teléfono está sonando. Trataré de averiguar quién llama.

Ferrer. Yo no escuché nada.

Dotti. ¿No? Entonces quizá sea el cartero. Con permiso. *(Se va.)*

Escena 13

Inés. Yo también tengo que irme. Buenas noches, inspector. *(Empieza a irse.)*

Ferrer. Señorita, espere, todavía me quedan algunas preguntas que hacerle.

Inés. Inspector, me siento fatigada; deseo regresar a mi casa; mi hermana debe estar preocupada por mí.

Ferrer. ¿Usted... vive sola con su hermana?

Inés. Temo que sí.

Escena 14

Entra Juan Alberto.

Juan Alberto. Perdonen ustedes; vi la puerta de calle abierta y... decidí entrar.

Ferrer. ¿Quién es usted?

Juan Alberto. Soy Juan Alberto Dotti.

Ferrer. ¿Juan Alberto Dotti? ¿Tiene algún parentesco con el dueño de esta casa?

Juan Alberto. Sí. Digamos que soy su...

Ferrer. ¿Hermano?

Juan Alberto. Sí, eso es, su hermano.

Inés. Bien, yo me voy. *(A Ferrer.)* Buenas noches; hasta la vista.

Ferrer. Espere, Inés. Todavía tengo unas cosas que preguntarle.

Inés. Lo siento, creo que ya me las preguntó; además no puedo dedicarle tanto tiempo. *(Se va.)*

Escena 15

Ferrer. (Acercándose a la salida, enojado.) ¡Inés! ¡Vuelva acá, se lo suplico! ¿Qué quiere decir con eso de que ya se las pregunté? ¡Regrese! ¡Inés!

Juan Alberto. Parece que llevaba prisa.

Ferrer. ¿Quién?

Juan Alberto. La chica.

Ferrer. Ah, sí. Así parece. ¿Buscaba a su hermano?

Juan Alberto. ¿A mi hermano? Pues... sí, pero...

Ferrer. ¿Qué?

Juan Alberto. Parece que no está, ¿verdad?

Ferrer. Hasta hace unos momentos, estaba aquí.

Juan Alberto. ¿Usted es amigo suyo?

Ferrer. Sí, hemos... trabado amistad.

Juan Alberto. Creo que nunca me habló de usted. ¿Cómo se llama?

Ferrer. Ferrer.

Juan Alberto. Oh, ahora comprendo. No es casual que mi hermano evitara mencionarlo.

Ferrer. ¿Por qué?

Juan Alberto. Él tiene algunos hábitos..., usted sabe, un tanto originales.

Ferrer. ¿Qué hábitos?

Juan Alberto. Veo que no conoce usted demasiado bien a mi hermano. ¿Cuánto hace que son amigos?

Ferrer. Nunca me detuve a pensarlo..., creo que... unos pocos meses.

Juan Alberto. Es posible. De ser así, sería... lógico.

Ferrer. ¿Por qué?

Juan Alberto. No es casual que lo haya conocido en esa época y no antes ni después.

Ferrer. ¿Por qué?

Juan Alberto. Eso obedece a normas generales de comportamiento.

Ferrer. Reconozco que a veces se me hace un poco costoso reconocer cuáles son esas... normas de comportamiento.

Juan Alberto. ¿En general, o sólo en lo que concierne a mi hermano?

Ferrer. Ah, no, sólo en este caso particular, por supuesto.

Juan Alberto. ¿Se conoce usted a fondo? ¿Está seguro de que esas dificultades que tiene para interpretar la conducta de mi hermano no obedecen a alguna deficiencia de orden más general?

Ferrer. ¿Cómo qué?

Juan Alberto. Una carencia de herramientas teóricas adecuadas a esos fines.

Ferrer. No lo creo así. Pero, para complacerlo a usted, no voy a descartar esa posibilidad.

Juan Alberto. Gracias.

Ferrer. ¿Podría decirme en qué radica la... extrañeza de los hábitos de su hermano?

Juan Alberto. No existe tal extrañeza; los hábitos de mi hermano sólo son un poco... singulares; eso es todo.

Ferrer. Me cago en la diferencia.

(Instantes de silencio.)

Juan Alberto. Allá usted.

Ferrer. Perdone, creo que no estuve bien. No debí decir eso.

Juan Alberto. No hay cuidado. Por lo demás no me sorprende escucharlo hablar así.

Ferrer. ¿Por qué?

Juan Alberto. No es el único que lo hace.

Ferrer. Supongo que no, pero eso no me justifica.

Juan Alberto. Además, en su propia conducta, señor... eh...

Ferrer. Ferrer.

Juan Alberto. Eso es. En su propia conducta, señor Ferrer, eso no constituyó un hecho aislado.

Ferrer. ¿A qué se refiere?

Juan Alberto. Quiero decir que fue la culminación de todo un proceso anímico.

93

Ferrer. Es posible. Dígame, ¿usted estuvo en al zaguán... varios minutos, antes de entrar aquí?

Juan Alberto. ¿Qué zaguán?

Ferrer. Aquél.

Juan Alberto. Eso no es un zaguán. Pero entiendo que usted lo llame así. Muchas personas lo hacen. Es una especie de enfermedad generalizada... del lenguaje.

Ferrer. Pero... ¿estuvo ahí usted?

Juan Alberto. No.

Ferrer. ¿En esta casa vive alguien más, aparte de su hermano?

Juan Alberto. Perdone, pero...

Ferrer. Qué.

Juan Alberto. La noción de domicilio me resulta molesta en alto grado.

Ferrer. Eso no contesta a mi pregunta.

Juan Alberto. ¿No le preocupa el carácter perentorio de nuestras estructuras sociales?

Ferrer. Para serle franco, no.

Juan Alberto. Eso seguramente es el resultado del condicionamiento que esas mismas estructuras ejercen sobre su modo de pensar.

Ferrer. Eso tampoco me preocupa.

Juan Alberto. Me lo suponía. Se debe a las mismas causas de que le hablé recién. El condicionamiento.

Ferrer. ¿Y usted no sufre ese... condicionamiento?

Juan Alberto. En cierta medida sí.

Ferrer. En qué medida.

Juan Alberto. ¿Qué me pide? ¿Números?

Ferrer. No. Quiero saber si usted se considera... libre, un individuo libre.

Juan Alberto. ¿Libre de qué?

Ferrer. De ese condicionamiento.

Juan Alberto. Ya le dije que en cierta medida sí.

Ferrer. No; usted me dijo que en cierta medida lo sufría; no me dijo en qué medida estaba libre de él.

Juan Alberto. Ya veo: usted quiere calcular la medida en que lo sufro, sustrayendo del total la medida en que yo estoy libre. Es muy astuto.

Ferrer. Y usted es muy listo. Dígame, en cuanto a su modo de pensar, ¿piensa usted libremente?

Juan Alberto. Esa pregunta es muy vaga. ¿Por qué insiste sobre este tema? Creí oírle decir que no le interesaba.

Ferrer. No dije que no me interesaba, sino que no me preocupaba. Es que... son otras las preocupaciones que me aquejan hoy día.

Juan Alberto. Ahora entiendo. Pero no deje de tener en cuenta que cualquier problema que usted tenga sólo hallará su solución definitiva cuando las estructuras sociales vigentes sean reemplazadas por otras acordes a esta coyuntura histórica.

Ferrer. ¿Qué es lo que caracteriza a esta coyuntura histórica?

Juan Alberto. Podríamos definirlo como cierto tipo de... desequilibrios económicos y sociales.

Ferrer. ¿Qué tipo de desequilibrios?

Juan Alberto. Ya le dije que eran económicos y sociales.

Ferrer. ¿No sabe decir más que eso? Creí que sus ideas se sostendrían en basamentos más sólidos.

Juan Alberto. ¿A qué ideas alude usted?

Ferrer. A sus ideas sociológicas. Y políticas.

Juan Alberto. ¿Quién le dijo que tengo ideas políticas?

Ferrer. Por un momento lo creí así. Discúlpeme, creo que me equivoqué. Hablemos de otra cosa.

Juan Alberto. No, no se equivocó. Tengo ideas políticas; sólo que... me sorprendió que usted lo hubiese percibido. Todo el mundo tiene ideas políticas.

Ferrer. ¿Y cuáles son... las suyas?

Juan Alberto. Las que el momento requiere.

Ferrer. ¿O sea?

Juan Alberto. Ideas de cambio.

Ferrer. ¿Qué clase de cambio?

Juan Alberto. Cambios en diversos órdenes.

Ferrer. ¿En qué órdenes?

Juan Alberto. Ya le mencioné algunos.

Ferrer. ¿Está seguro? No lo recuerdo.

Juan Alberto. El orden económico, por ejemplo.

Ferrer. Ah, sí, ahora recuerdo; usted habló de ciertos desequilibrios
en ese campo. No mencionó que debieran operarse cambios en
él. ¿De qué cambios se trata?

Juan Alberto. De todos los que sean necesarios.

Ferrer. ¿Y cuáles son necesarios?

Juan Alberto. ¿No lo sabe usted?

Ferrer. No. Escuche, ¿qué le parece si usted me acompaña ahora
a mi casa y tratamos estos temas en profundidad? Unos amigos me están esperando, y creo que estarían encantados de
conocerlo.

Juan Alberto. Pues... no sé qué decirle.

Ferrer. Mi esposa preparará café.

Juan Alberto. Eso sería estupendo.

Ferrer. Lo será sin duda. ¿Qué dice usted?

Juan Alberto. Creo que... iré.

Ferrer. Magnífico. Todos van a ponerse muy contentos.

Juan Alberto. Bien. Iré.

Ferrer. ¿Vendrá?

Juan Alberto. Sí. Creo que iré.

Ferrer. ¿Vamos, entonces?

Juan Alberto. Sí. Creo que sí.

Ferrer. Bien. Cuando usted quiera.

Juan Alberto. Sí. Agradezco su invitación.

Ferrer. No tiene por qué. ¿Vamos?

Juan Alberto. Sí.

Ferrer. Bien. Adelante.

Juan Alberto. Sí. Ha sido una buena idea la suya.

Ferrer. Excelente. Vamos.

Juan Alberto. Con gusto.

Ferrer. Muy bien. ¿Partimos?

Juan Alberto. Sí. Creo que esto puede terminar en una velada muy divertida.

Ferrer. Claro que sí. Bien, creo que es hora de irnos.

Juan Alberto. Desde luego que sí. No sea cosa de que usted llegue tarde por culpa mía.

Ferrer. Eso no sucederá si nos vamos ahora.

Juan Alberto. De mi parte no hay ningún inconveniente.

Ferrer. Perfecto. Partamos, entonces.

Juan Alberto. Sí. Eso es lo mejor que podemos hacer ahora. Al menos en lo que me concierne.

Ferrer. Sí, también a mí. Bien; vámonos de una vez o llegaremos tarde.

Juan Alberto. Sí. No veo razón para seguir demorándonos.

Ferrer. Eso es hablar con sensatez. Vamos.

Juan Alberto. Sí, creo que ya debíamos de haber salido.

Ferrer. Estamos a tiempo. Después de usted.

Juan Alberto. Muy amable.

Ferrer. No faltaba más. Pase usted.

Juan Alberto. Sí. Gracias.

Ferrer. Vamos.

Juan Alberto. Sí.

Fin

Democracia en el bar

Democracia en el bar

1986   Fue estrenada a principios de agosto de
1986 en una mitad de la Sala 2 del Teatro del Anglo (Montevideo), bajo la
dirección de Leo Maslíah y con el siguiente reparto:

Fernández:	Jorge Lazaroff
Portela:	Leo Maslíah
Coe:	Francisco Rey
El mozo:	Carlos Giráldez
El inspector Ferrer:	Tomás Blezio
El otro mozo:	Héctor Prato

La escena representa un bar. Sobre el mostrador hay dos vasos y un
teléfono.
Se habla a veces de que algunas personas que se acercan a la activi-
dad teatral, cuando asumen sus primeros papeles, y a veces también todos los siguientes, sobreactúan. Bien: en la representación
de este trabajo los actores deberán (si quieren) "subactuar". Si no
quieren hacerlo, por lo menos podrán tenerlo en cuenta como un
momento de la discusión de qué es lo que van a hacer.

Entran Fernández y Portela. Este último lleva anteojos oscuros y bastón, y se conduce más o menos como si fuera ciego, más allá de la incongruencia que esto pueda tener con algunas de las cosas que dice.

Portela. Pasá, pasá.

Fernández. Sí, gracias.

Portela. ¿Éste es el bar que compraste?

Fernández. No.

Portela. ¿Y cuál es?

Fernández. Qué cosa.

Portela. El que compraste.

Fernández. Éste no es. Es otro.

Portela. Vos decís que es otro pero este bar es tuyo. Lo compraste.

Fernández. No, no. No es así. A mí este bar me lo prestaron.

Portela. ¿Te lo prestaron?

Fernández. Sí, bah, me lo alquilaron.

Portela. Es lindo.

Fernández. Te lo voy a mostrar.

Portela. Sí, me gustaría.

Fernández. (Señala vagamente el local en general.) Miralo.

Portela. Sí..., es muy lindo.

Fernández. Ésta es una de las mesas, ¿ves?

Portela. Sí.

Fernández. Tiene patas. No muchas, pero...

Portela. ¿Pero qué?

Fernández. Que algunas tiene.

Portela. Cuántas.

Fernández. Cuatro.

Portela. (Pensativo.) Interesante.

Fernández. Sí, son bárbaras.

Portela. ¿Qué función cumplen?

Fernández. ¿Lo qué?

Portela. Las patas.

Fernández. Sostienen la mesa.

Portela. Son un... accesorio.

Fernández. Claro.

Portela. Pero no forman parte de la mesa propiamente dicha.

Fernández. No.

Portela. No qué.

Fernández. No forman parte.

Portela. No. Yo ya te había dicho que no.

Fernández. (Muestra dos vasos que están sobre el mostrador.) Acá tengo los vasos.

Portela. Esperá. Primero me gustaría saber algunas cosas.

Fernández. Sí. Qué.

Portela. No me dijiste de qué material es la mesa.

Fernández. Mandé una muestra al laboratorio, pero todavía no me dieron el resultado.

Portela. Hacémelo saber, cuando te llegue.

Fernández. Sí.

Portela. ¿Y qué muestra mandaste? ¿Le rebanaste una parte a la mesa?

Fernández. Sí. Le corté una pata.

Portela. ¿Antes tenía cinco?

Fernández. Sí.

Portela. ¿Y antes de eso?

Fernández. No sé. Supongo que tendría seis.

Portela. ¿Seis qué?

Fernández. Seis patas.

Portela. Yo conozco un tipo que tiene seis dedos.

Fernández. ¿En una mano?

Portela. No. En total.

Fernández. ¿Es casado?

Portela. Sí.

Fernández. ¿Y la mujer?

Portela. La mujer qué.

Fernández. Cómo se llama.

Portela. Ruth.

Fernández. ¿Es enferma?

Portela. De qué.

Fernández. No sé.

Portela. No.

Fernández. ¿Qué tiene?

Portela. ¿En qué sentido?

Fernández. No sé. ¿Cómo está?

Portela. Quién.

Fernández. Ella.

Portela. Bien.

Fernández. Bueno, acá tenés los vasos.

Portela. Me llama la atención que los tengas encima del mostrador.

Fernández. Siempre están ahí. ¿Por qué te llama la atención?

Portela. No sé. Será por la forma que tienen.

Fernández. Son buenos. Y para la capacidad que tienen ocupan poquitísimo lugar.

Portela. ¿Tienen buena capacidad?

Fernández. Sí, para el tamaño que tienen sí.

Portela. ¿Los compraste?

Fernández. No. Me los vendieron.

Portela. ¿Y? ¿Te dieron resultado?

Fernández. Sí.

Portela. ¿Te duraron bastante?

Fernández. Y sí. Ya lo ves.

Portela. Qué es lo que veo.

Fernández. Los vasos.

Portela. ¿Qué cosa dijiste?

Fernández. Los vasos.

Portela. Ah, sí. ¿Y la mesa?

Fernández. La mesa qué.

Portela. Al final no me terminaste de decir.

Fernández. Lo qué.

Portela. El espesor.

Fernández. ¿El espesor? ¿Y para qué querés saber el espesor?

Portela. Para calcular el resto.

Fernández. El resto de qué.

Portela. De la mesa.

Fernández. Eso te lo puedo decir yo: tres coma cinco.

Portela. Cinco qué.

Fernández. No sé.

Portela. ¿No me das un poco de agua?

Fernández. Te daría, sí, pero no tengo.

Portela. Bueno, no importa, después me das.

Fernández. ¿Después cuándo?

Portela. Cuando tengas.

Fernández. Sí.

Portela. (Agarra un vaso.) ¿Me vas a dar en este vaso?

Fernández. Sí. O si no en el otro.

Portela. (Agarra el otro.) ¿En éste?

Fernández. Sí. O si no en el otro.

Portela. (Agarra el otro.) ¿En éste?

Fernández. Sí. O si no en el otro.

Portela. (Agarra el otro.) ¿En éste?

Fernández. Sí.

Portela. (Agarra el otro.) ¿En éste no?

Fernández. Sí, también podría ser en ése.

Portela. Bueno, pero en cuál me vas a dar, ¿en éste o en éste?

Fernández. En cualquiera.

Portela. Sí, claro, pero en cuál.

Fernández. Ya te dije. En cualquiera.

Portela. Sí, claro, pero en cuál.

Fernández. En cualquiera.

Portela. Sí, claro, pero en cuál.

Fernández. Ya te dije. En cualquiera.

Portela. Sí, claro, pero una vez que tenés decidido que puede ser en cualquiera vas a tener que elegir uno.

Fernández. Sí. Voy a elegir uno cualquiera.

Portela. Sí, bueno, decíme cuál.

Fernández. No me importa cuál. Cualquiera.

Portela. *(Agarra uno.)* ¿Éste?

Fernández. Sí. O el otro.

Portela. *(Agarra el otro.)* ¿Éste?

Fernández. Sí. O el otro.

Portela. Bueno, pero entonces no me digas que sí. Te pregunto si va a ser éste y me decís que sí. Después me salís diciendo que puede ser el otro.

Fernández. Puede ser cualquiera de los dos. Ya te dije.

Portela. Ya sé que puede ser cualquiera, pero al final va a terminar siendo uno. Uno solo de los dos.

Fernández. Ya sé que va ser uno solo, pero va a ser cualquiera de los dos.

Portela. ¿No me querés decir cuál?

Fernández. Es que no sé.

Portela. A ver, hacé de cuenta que me vas a dar agua ahora, a ver, agarrá un vaso.

Fernández. Pero si no tengo agua.

Portela. Sí, pero dale, agarrá un vaso. Quiero ver cuál agarrás.

Fernández. No necesitás verlo, te lo puedo decir yo: voy a agarrar cualquiera.

Portela. Sí, ya sé, pero igual, dale, agarrá uno.

Fernández. Para qué.

Portela. Quiero ver cuál agarrás.

Fernández. ¿Y si me ves agarrar uno cómo vas a saber cuál agarré?

Portela. Porque te voy a estar mirando.

Fernández. Sí, pero cómo vas a saber qué vaso es el que estás mirando que yo agarré.

Portela. Porque te voy a estar mirando.

Fernández. Sí, pero por más que me mires cómo vas a saber cuál es el vaso que yo agarré.

Portela. El otro va a quedar acá arriba del mostrador.

Fernández. Sí, pero cómo vas a saber cuál quedó arriba del mostrador y cuál agarré yo.

Portela. No sé, los puedo distinguir por alguna imperfección que tengan en el vidrio.

Fernández. No son de vidrio.

Portela. ¿De qué son?

Fernández. De zinc.

Portela. Bueno, qué diferencia hay. No me hagas juegos de palabras.

Fernández. Disculpáme.

Portela. Yo conozco un tipo que tiene una mano de vidrio.

Fernández. ¿Y cuántos dedos tiene?

Portela. Cinco.

Fernández. ¿En la mano de vidrio?

Portela. No. En total.

Fernández. ¿Y en la mano?

Portela. ¿En cuál mano?

Fernández. En la de vidrio.

Portela. Cinco.

Fernández. ¿Y en la que no es de vidrio?

Portela. En ésa no tiene ninguno.

Fernández. Entonces no es una mano.

Portela. ¿Ah no? ¿Y qué es?

Fernández. Una palma.

Portela. Es la palma de la mano.

Fernández. Es una palma, pero sin mano.

Portela. Bueno, allá vos si pensás eso.

Fernández. ¿Es casado, el tipo?

Portela. Sí.

Fernández. ¿Y la mujer?

Portela. También.

Fernández. Y decíme, esa otra mujer que mencionaste hoy...

Portela. ¿Ruth?

Fernández. Sí.

Portela. Qué pasa.

Fernández. No, nada. Te sigo mostrando el bar. Ya te mostré una mesa, dos vasos...

Portela. ¿Qué es eso que está ahí?

Fernández. Dónde.

Portela. Ahí, abajo de la mesa.

Fernández. Ah, es el piso.

Portela. Qué bueno.

Fernández. ¿Por qué? ¿Qué tiene?

Portela. Es todo parejito.

Fernández. Sí. Fue hecho a la medida.

Portela. ¿A la medida de qué?

Fernández. Del bar.

Portela. Qué bien.

Fernández. Sí. Ya venía así cuando lo compré.

Portela. ¿No me dijiste que lo habías alquilado?

Fernández. Sí, claro, perdoná. Me equivoqué.

Portela. ¿En este piso se puede zapatear?

Fernández. Claro. Probá, si querés.

Portela. No, te agradezco.

Fernández. ¿Por qué no? Probá, dale.

Portela. No, en serio, gracias.

Fernández. ¿Por qué?

Portela. No me gusta zapatear.

Fernández. Creí que sí.

Portela. ¿Que sí qué?

Fernández. Que te gustaba.

Portela. No. No me gusta.

Fernández. Qué cosa.

Portela. Zapatear.

Fernández. ¿No te gusta? Creí que te gustaba.

Portela. Qué cosa.

Fernández. Zapatear.

Portela. No. No me gusta.

Fernández. (*Ya no en tono de pregunta.*) Qué cosa, che.

Portela. ¿Ruth zapatea?

Fernández. No. Pero le gustan los pisos así, parejitos. El de la casa también es así.

Portela. ¿Y ella para qué lo usa?

Fernández. No sé muy bien. Creo que para zapatear.

Portela. ¿No me dijiste que no zapateaba?

Fernández. Sí, claro, tenés razón. Entonces no creo que ella utilice el piso para eso.

Portela. ¿Y para qué lo utiliza?

Fernández. No sé. Creo que le pone cosas arriba.

Portela. ¿Cosas arriba? ¿Para qué?

Fernández. No sé. Yo no la conozco.

Portela. ¿Qué le pone, por ejemplo?

Fernández. No me acuerdo muy bien. Creo que muebles.

(*Entra Coe.*)

Fernández. ¡Un cliente! Vení, vámonos.

(*Portela y Fernández se van. Coe se ubica en una de las mesas. Largos instantes después pasa el mozo.*)

Coe. Mozo.

(*El mozo sigue de largo, ignorando a Coe, hasta desaparecer. Instantes después reaparece, para emprender el mismo trayecto.*)

Coe. (*En el mismo tono que la vez anterior, y que las siguientes.*) Mozo.

(*El mozo sigue de largo, ignorando a Coe, hasta desaparecer. Instantes después reaparece.*)

Coe. Mozo.

(El mozo sigue de largo, ignorando a Coe, hasta desaparecer, siempre siguiendo idéntico trayecto. Instantes después reaparece.)

Coe. Mozo.

(El mozo sigue de largo, ignorando a Coe, hasta desaparecer. Coe se cambia de mesa, ubicándose en un punto del trayecto habitual del mozo. Éste vuelve a pasar.)

Coe. Mozo.

(Esta vez el mozo no hace el mismo trayecto, y sigue de largo, ignorando a Coe, el cual no está cerca de ningún punto del nuevo trayecto. Luego de desaparecer, el mozo reaparece.)

Coe. Mozo.

(El mozo se detiene en seco, aunque no está cerca de Coe ni lo está mirando.)

Coe. Mozo.

(El mozo retoma su camino, hasta desaparecer. Instantes después reaparece.)

Coe. Mozo.

(El mozo se detiene en seco, como la vez anterior. Coe se le acerca. El mozo permanece inmóvil. Coe se le acerca casi al máximo.)

Coe. Mozo.

(El mozo retoma su camino, a una velocidad algo mayor que las veces anteriores, hasta desaparecer.)

Coe. Mozo.

El mozo. (Apareciendo, asustado.) ¿Eh? ¿Qué pasa?

Coe. Yo lo estaba llamando. ¿Por qué no venía?

El mozo. Es que no lo escuché. No lo escuché para nada. ¿Está seguro que me llamó?

Coe. ¡Claro! Lo llamé como dos veces. ¿Por qué no venía?

El mozo. Es que no lo escuché. No lo escuché para nada. ¿Está seguro que me llamó?

Coe. ¡Claro! Lo llamé como tres veces. ¿Por qué no venía?

El mozo. Es que no lo escuché. No lo escuché para nada. ¿Está seguro que me llamó?

Coe. ¡Claro! Lo llamé como cuatro veces. ¿Por qué no venía?

El mozo. Es que no lo escuché. No lo escuché para nada. ¿Está seguro que me llamó?

Coe. ¡Claro!

(Instantes de silencio.)

El mozo. Sí, no sé..., es que yo no lo escuché.

Coe. Sí.

El mozo. No.

Coe. Sí.

El mozo. Sí, no sé...

Coe. Tráigame cubiertos.

El mozo. (Inmóvil.) Sí, señor.

Coe. (Luego de instantes de silencio.) Si se puede apurar, por favor, le agradezco. No tengo mucho tiempo.

El mozo. (Inmóvil.) Sí, señor.

Coe. ¿No me oyó? Le dije que no tengo mucho tiempo.

El mozo. (Inmóvil.) Sí, señor.

Coe. Sí señor qué.

El mozo. (No contesta enseguida.) Nada.

Coe. Me lo suponía.

El mozo. Qué cosa.

Coe. Nada.

El mozo. Sí, señor.

Coe. Qué hora es.

El mozo. Qué hora es lo qué.

Coe. Nada.

El mozo. Sí, señor.

Coe. Sí. ¿Qué hora serán?

El mozo. ¿Hora? *(Mira su reloj.)* Son las nueve y quince con veinte segundos. ¿A ver? No. Son las nueve y quince con veintitrés segundos. ¿A ver? No; le dije mal. Son las nueve y quince con veintisiete segundos. No, está mal, no sé ni lo que estoy diciendo. Son las nueve y quince con treinta y... un segundos. ¿A ver? No; miento. Sin embargo me pareció que..., no, se ve clarito que son las nueve y quince con cuarenta segundos. ¿A ver? ¿Pero qué le pasa a este reloj? Hubiera jurado que eran las..., no, resulta que no, que son las..., no, tampoco, iba a decir quince minutos con cincuenta segundos, pero ahora parece que son cincuenta y seis. Ah, no, ¡por fin! Las cosas se aclaran: son las nueve y dieciséis minutos. No; tampoco. Son las..., no. Espere un minuto que yo le voy a decir la hora exacta. ¿A ver? Son las..., ¿pero qué es lo que le está pasando a este reloj? Cambia todo el tiempo de hora.

Coe. Permitamé, a ver. ¿Qué hora quiere saber?

El mozo. *(Le da el reloj.)* Las nueve.

Coe. *(Ajusta el reloj.)* Acá tiene: las nueve.

El mozo. Sí. Está bien.

Coe. ¿Qué más quiere saber?

El mozo. A ver..., déjeme pensar...; las cuatro.

Coe. ¿Las cuatro? Eso es un poco más difícil, a ver a ver *(ajustando el reloj)*... Acá tiene: las cuatro en punto.

El mozo. Gracias.

Coe. ¿Qué otra quiere saber?

El mozo. ¿Qué otra qué?

Coe. Qué otra hora.

El mozo. No, ninguna más. Creo que ahora ya las sé todas.

Coe. ¿Y alguna otra cosa que quiera saber?

El mozo. No, gracias. Creo que estoy bien así.

Coe. ¿Así cómo?

El mozo. Así, como estoy.

Coe. ¿Cómo está?

El mozo. Creo que bien.

Coe. ¿Está seguro? ¿Cada cuánto se hace una revisación?

El mozo. *(Se encoge de hombros.)* Cada tanto.

Coe. Cada cuánto.

El mozo. *(Se encoge de hombros.)* Cada tanto.

Coe. Cada cuánto.

El mozo. *(Se encoge de hombros.)* Cada tanto.

Coe. Cuánto.

El mozo. (Se encoge de hombres, sin decir nada.)

Coe. ¿Tienen cocina, acá?

El mozo. Sí.

Coe. Bueno. Venga conmigo. Lo voy a revisar.

(Coe y el mozo van saliendo y se topan con Fernández y Portela, que entran.)

Fernández. (A Coe.) ¿Está bien atendido, señor?

Coe. Sí, sí, gracias.

(Coe y el mozo se van.)

Portela. ¿Hay café?

Fernández. No.

Portela. ¿Y té?

Fernández. No.

Portela. ¿Y café?

Fernández. No.

Portela. ¿Y té?

Fernández. Sí. ¿Te sirvo?

Portela. ¿Y mate, hay?

Fernández. No.

Portela. ¿Y café?

Fernández. Sí. ¿Te sirvo?

Portela. Sí, por favor.

(Fernández busca en la zona del mostrador.)

Portela. No le pongas azúcar.

Fernández. Vos sabés que no encuentro café. Creí que había, pero se ve que no hay.

Portela. ¿Y azúcar?

Fernández. Sí, claro.

Portela. Bueno, servíme un poco.

Fernández. ¿En taza o en vaso?

Portela. Ah, como quieras. Lo que importa es que esté bien caliente. ¿Me permitís hacer una llamada?

Fernández. Sí, cómo no.

Portela. Gracias. ¿En qué me vas a servir? ¿En taza o en vaso?

Fernández. En taza.

Portela. Por qué.

Fernández. ¿No me dijiste que te daba lo mismo?

Portela. Sí, me da lo mismo, pero yo quería saber por qué elegiste la taza.

Fernández. Todavía no la elegí. La pienso elegir.

Portela. Disculpáme, ¿me permitís hacer una llamada?

Fernández. Sí, claro.

Portela. Bueno, en qué me vas servir, ¿en taza o en vaso?

Fernández. En taza, ya te dije.

Portela. Perdoná. Yo sólo quería estar seguro.

Fernández. ¿Para qué?

Portela. Para ir acostumbrándome de a poco a la idea de que voy a tomar azúcar en taza.

Fernández. Te estás preocupando demasiado por algo que en un principio dijiste que te era indiferente.

Portela. Me da exactamente lo mismo que me sirvas en taza o en vaso, pero quiero saber si me vas a servir en taza o en vaso.

Fernández. En taza.

Portela. ¿Por qué?

Fernández. ¿Si te hubiera dicho "en vaso" me habrías hecho la misma pregunta?

Portela. Sí, pero referida a otra cosa completamente diferente.

Fernández. Qué cosa.

Portela. La razón de tu preferencia por el vaso. ¿Me permitís hacer una llamada?

Fernández. Sí, cómo no. ¿Vos tenés el teléfono de Ruth?

Portela. ¿De Ruth? No. ¿Por qué?

Fernández. Por si acaso.

Portela. ¿Si acaso qué?

Fernández. Por si alguna vez la tengo que llamar.

Portela. ¿Y por qué tendrías que llamarla?

Fernández. No sé.

Portela. ¿Me permitís hacer una llamada?

113

Fernández. Sí, todas las que quieras. A quién vas a llamar, ¿a Ruth?

Portela. No. ¿Por qué?

Fernández. No sé. Se me ocurrió.

Portela. Lo qué.

Fernández. Que podías llamarla.

Portela. Puedo llamarla, sólo que... no pensaba hacerlo.

Fernández. ¿No sabés el teléfono?

Portela. Sí, lo sé.

Fernández. ¿Entonces por qué no la llamás?

Portela. Porque no pensaba llamarla.

Fernández. Tenés miedo que te atienda el marido.

Portela. No. El marido está muerto.

Fernández. ¿Está bien muerto?

Portela. ¿Qué querés decir con eso? ¿Si está completamente muerto, o si todavía puede mover un brazo un poquito, o algo así?

Fernández. No. Me refiero a si murió bien o mal.

Portela. ¿Vos decís si sufrió o no, al morir?

Fernández. No, no es eso. Me refiero a si su muerte fue justificada o no.

Portela. ¿Querés decir si los balazos que recibió eran realmente mortales, o si su muerte fue puramente casual?

Fernández. No, no es eso. Me refiero a si estuvo bien que muriera, o no.

Portela. Bueno, eso depende. ¿Me permitís hacer una llamada?

Fernández. Sí, pero decíme por qué depende.

Portela. Depende. A Ruth le pareció que la muerte de su marido no estaba justificada, pero al tipo que lo mató le pareció que sí.

Fernández. ¿Y a vos qué te pareció?

Portela. No sé. Para ser justo yo diría que esa muerte debe tener sus aspectos positivos y sus aspectos negativos.

Fernández. ¿Como ser?

Portela. No sé. ¿Me permitís hacer una llamada?

Fernández. Sí.

Portela. (Saca un papel del bolsillo.) Acá tengo el número. *(Le da el papel a Fernández.)* ¿Me lo leés?

Fernández. Yo no sé leer números. Sólo letras.

Portela. Bueno, prestáme, que te lo escribo en letras. *(Fernández le da el papel y Portela escribe algo en él; luego se lo devuelve.)* Tomá.

Fernández. (Mirando el papel.) ¿Acá qué dice?

Portela. Dice Ruth.

Fernández. Y qué es eso.

Portela. Es el nombre de la mujer que le pareció mal que mataran al marido.

Fernández. Creo que ya está tu azúcar.

Portela. Gracias. ¿Me permitís hacer una llamada?

Fernández. Sí, cómo no.

Portela. Gracias.

Fernández. Tomá el número *(le da el papel).*

Portela. Gracias. ¿Me permitís hacer una llamada?

Fernández. Sí.

Portela. Gracias. ¿Me permitís hacer una llamada?

Fernández. Ya te dije que sí.

Portela. Gracias. ¿Me permitís hacer una llamada?

Fernández. ¡Ya te dije que sí!

Portela. Perdoná, no te había oído.

Fernández. Sabía que eras ciego, pero nunca pensé que también fueras sordo.

Portela. No soy sordo.

Fernández. ¿Y ciego?

Portela. Ciego qué.

Fernández. ¿Sos ciego?

Portela. Un poco. ¿Me permitís hacer una llamada?

Fernández. Sí. ¿Ruth es ciega?

Portela. No.

Fernández. ¿Y el marido?

Portela. Está muerto.

Fernández. Sí, ya sé, pero ¿es ciego?

Portela. Supongo que sí.

Fernández. ¿Y el que lo mató?

Portela. No, creo que no.

Fernández. Él que es, ¿sordo?

Portela. No.

Fernández. ¿Es inválido?

Portela. No.

Fernández. ¿Y qué defecto tiene?

Portela. Ninguno.

Fernández. ¿Y por qué mata gente?

Portela. No sé. En el caso del marido de Ruth supongo que creyó que era lo más adecuado.

Fernández. ¿Y Ruth?

Portela. Ruth qué.

Fernández. ¿Creyó lo mismo?

Portela. No. Yo ya te había dicho que no.

Fernández. ¿Entonces Ruth se peleó con el que mató al marido?

Portela. No.

Fernández. ¿Y qué hizo?

Portela. Nada. Hay cosas que vos no entendés.

Fernández. Qué cosas.

Portela. ¿Me permitís hacer una llamada?

Fernández. No. Decíme qué cosas no entiendo.

Portela. Que dos personas pueden no estar de acuerdo en algunas cosas.

Fernández. Qué cosas.

Portela. Cualquier cosa. Pero no por eso se van a pelear.

Fernández. ¿Se hicieron amigos? ¿Salen juntos?

Portela. Quiénes.

Fernández. Ruth y el tipo que le mató al marido.

Portela. No, no salen juntos. Pero no se pelean tampoco.

Fernández. ¿Qué hacen, entonces?

Portela. Nada.

Fernández. En qué sentido.

Portela. Son personas adultas, Fernández.

Fernández. Ah, ¿en ese sentido?

Portela. En el sentido de que saben que tienen derecho a disentir; pero también saben que el diálogo es la única vía para el entendimiento.

Fernández. ¿Ellos dialogan, entonces?

Portela. No.

Fernández. ¿Por qué? ¿No saben que el diálogo es la única vía para el entendimiento?

Portela. Lo saben, sí, pero es que en este caso... no hay ningún motivo para no entenderse.

Fernández. ¿Por qué? ¿Él ya reconoció que el asesinato no era la mejor manera de castigar al marido de Ruth?

Portela. Yo no sé si el marido de Ruth necesitaba ser castigado.

Fernández. Bueno, quizás él no lo había solicitado explícitamente, pero...

Portela. Pero qué.

Fernández. Pero igual. Recibió su castigo.

Portela. Qué castigo.

Fernández. Que lo matara ese tipo.

Portela. Ah, eso decís vos. Yo no estoy tan seguro.

Fernández. ¿De qué no estás tan seguro?

Portela. De si el tipo que lo mató, lo mato.

Fernández. Yo supongo que sí, que si el tipo lo mató, lo debe haber matado.

Portela. Vos suponés que sí. Pero ¿podés estar realmente seguro?

Fernández. No..., claro.

Portela. Se cometería una grave injusticia si se condena al tipo que lo mató, siendo que de repente él no lo mató.

Fernández. Quizá si hubiera matado más personas sería más fácil determinar si realmente las mató o no.

Portela. Es que justamente, hay algo que yo... me había olvidado de decirte, pero resulta que... Ruth... también está muerta.

Fernández. ¿Ruth está muerta? *(Silencio.)* ¿Ruth está muerta? *(Si-*

lencio.) ¿Ruth está muerta? *(Silencio.)* ¿Ruth está muerta? *(Silencio.)* ¿Ruth está muerta? *(Silencio.)*

Portela. Sí. ¿Me permitís hacer una llamada?

Fernández. ¿Ruth está muerta?

Portela. Sí. La mató el mismo tipo que mató al marido.

Fernández. ¿Ruth está muerta?

Portela. Sí. Pero no puso mi nombre en su testamento. ¿Me permitís hacer una llamada?

Fernández. ¿Ruth está muerta?

Portela. No. Mejor dicho sí, está muerta.

Fernández. ¿Ruth está muerta?

Portela. No, creo que no. O mejor dicho sí. Está muerta. Bah, murió.

Fernández. ¿Ruth murió?

Portela. Sí. Bah, la mataron.

Fernández. ¿La mataron?

Portela. Sí. Bah, murió.

Fernández. ¿Ruth murió?

Portela. Sí. Bah, falleció.

Fernández. ¿Falleció?

Portela. Sí. Bah, dejó de existir.

Fernández. ¿Dejó de existir?

Portela. Quién.

Fernández. Ruth.

Portela. ¿Quién?

Fernández. Ruth.

Portela. Quién es.

Fernández. Quién es qué.

Portela. Esa mujer que vos dijiste.

Fernández. Qué mujer.

Portela. No sé.

(Entra Coe.)

Coe. ¡Rápido! ¡Rápido! Tienen que venir a la cocina.

Fernández. ¿Qué pasó?

Coe. El mozo. No sé qué es lo que le pasa.

Portela. ¿Qué le pasa?

Coe. No sé.

Fernández. ¿Está en la cocina?

Coe. No.

Fernández. ¿Dónde está?

Coe. No sé.

Portela. Pero ¿estaba en la cocina?

Coe. Sí, en una época sí.

Portela. ¿Y qué pasó?

Coe. No sé.

Fernández. ¿Salió?

Coe. No.

Portela. Entonces, ¿sigue en la cocina?

Coe. Ya le dije que no.

Fernández. Y qué pasó, entonces.

Coe. No sé. Vengan, vamos a la cocina.

Portela. Sí, vamos. Vamos a la cocina.

Fernández. Sí.

Portela. Vamos.

Fernández. Sí. ¿Qué hay en la cocina?

Coe. No sé. No entiendo lo que pasó.

Portela. Qué pasó.

Coe. No sé. El mozo.

Fernández. El mozo qué.

Coe. No sé.

Fernández. ¿Se fue?

Coe. No.

Portela. ¿Desapareció?

Coe. No.

Portela. Entonces qué.

Coe. Ya le dije que no sé.

Fernández. Mejor vamos a la cocina a ver lo que pasó.

Coe. Sí.

Portela. ¿Qué le habrá pasado?

Coe. No sé, estábamos en la cocina los dos, y ahora yo estoy acá y...

Fernández. ¿Y el mozo?

Coe. No sé.

Fernández. Seguramente usted se confundió. El mozo debe estar en la cocina.

Coe. No, le aseguro que no.

Portela. ¿Está seguro?

Coe. Sí, le aseguro que sí.

Portela. Entonces qué, ¿lo secuestraron?

Coe. No.

Fernández. ¿Lo embargaron?

Coe. No.

Portela. ¿Lo hipotecaron?

Coe. No.

Fernández. ¿Lo amortizaron?

Coe. No.

Fernández. ¿Lo amordazaron?

Coe. No.

Portela. ¿Lo indexaron?

Coe. No.

Portela. ¿Qué le hicieron?

Coe. Nada.

Fernández. Quiénes.

Coe. No sé.

Portela. Creo que usted nos está ocultando algo.

Coe. No, le juro que no.

Fernández. Ya sé lo que tendríamos que hacer.

Coe. Qué.

Fernández. Ir a la cocina y ver lo que pasó.

Coe. Sí.

Portela. Qué pasó en la cocina.

Coe. Nada.

Portela. Bueno, entonces si no pasó nada no vamos nada.

Coe. Tiene razón.

Fernández. ¿Y el mozo?

Coe. El mozo qué.

Portela. ¿Dónde está? ¿En la cocina?

Coe. No. Yo ya le había dicho muchas veces que no.

Fernández. ¿Y la cocina? ¿La cocina sigue estando ahí?

Coe. Dónde.

Fernández. En la cocina.

Coe. Eso no me fijé.

Portela. ¿Y quién mató al mozo?

Coe. Nadie. ¿Qué le hace pensar que alguien lo mató?

Portela. Usted. Usted me hace pensar eso.

Coe. ¿Y si yo le dijera que nadie lo mató?

Portela. Entonces yo le preguntaría si usted conoce tan bien a toda la gente para saber que ninguno lo mató.

Coe. ¿Y si yo le dijera que en mi presencia nadie nadie lo mató?

Portela. Entonces yo le preguntaría qué le pasó que le pasó.

Coe. ¿Y si yo le pidiera que me acompañe a la cocina para averiguarlo, para saber?

Portela. Entonces yo lo acompañaría. Iría con usted.

Coe. ¿Y si en la cocina usted viera que el mozo no está?

Portela. Entonces yo pensaría que lo mataron. ¿Ta?

Coe. ¿Y si yo a eso le dijera que no?

Portela. Entonces yo le diría que sí.

Coe. ¿Y si yo, por medio de ingeniosos y complejos razonamientos, le dijera que no?

Portela. Entonces yo le diría sencillamente que sí.

Coe. ¿Y si yo le dijera que no, que para nada?

Portela. Entonces yo le diría que sí, que absolutamente.

Coe. ¿Y si yo de cualquier forma le dijera que no?

Portela. Entonces yo de alguna forma le diría que sí.

Coe. ¿Y si o le dijera...

Portela. Qué cosa.

Coe. ... que no?

Portela. Entonces yo le diría que sí.

Coe. ¿Y si yo le dijera que sí?

Portela. Entonces yo le diría que no.

Coe. Que no qué.

Portela. Que no lo mataron.

(Entra el inspector Ferrer.)

Ferrer. ¿A quién no mataron?

Fernández. Quién es usted. ¿Cómo sabe que no lo mataron?

Ferrer. Soy el inspector Ferrer, del departamento de policía.

Coe. ¿Es inspector de policía?

Ferrer. Sí.

Portela. ¿Es policía?

Ferrer. Sí.

Fernández. ¿Es inspector?

Ferrer. Sí, de policía.

Portela. Entonces viene a investigar la desaparición del mozo.

Ferrer. ¿Qué desaparición? ¿Qué mozo?

Fernández. El mozo de este bar. Desapareció.

Coe. Eso no es verdad.

Ferrer. ¿Qué pasó, entonces?

Coe. Nada.

Portela. Eso no es cierto.

Ferrer. Por qué.

Portela. Porque el mozo desapareció.

Coe. Eso no es verdad.

Fernández. Sí que es verdad, inspector, tiene que investigar la desaparición del mozo.

Ferrer. ¿Dónde está ese mozo?

(Instantes de silencio.)

Coe. No se sabe.

Ferrer. No es de mi competencia investigar la desaparición de personas que no se sabe dónde están.

Fernández. ¿Cómo que no? Usted dijo que era policía.

Ferrer. Sí, pero eso no me compete a mí. Yo soy de otro departamento.

Fernández. ¿No dijo que era del departamento de policía?

Ferrer. Sí, pero el departamento de policía comprende a su vez varios departamentos.

Portela. ¿Qué departamentos, a ver?

Coe. No creo que el inspector tenga por qué responder a esa pregunta. Más bien somos nosotros quienes deberíamos responder a sus preguntas. Eso suponiendo que el inspector tenga preguntas que hacernos; ¿no es así, inspector?

Fernández. Usted se adelanta a los hechos. Ni siquiera sabe si el inspector tiene preguntas que hacer, y ya anda diciendo si hay que contestar o si no hay que contestar.

Coe. No es eso lo que yo ando diciendo. Yo sólo dije que hay que contestar.

Portela. También hay otra posibilidá: no contestar.

Coe. Y también hay otra: contestar.

Fernández. ¿Cómo dice eso si ni siquiera conoce las preguntas?

Portela. Porque es un alcahuete.

Ferrer. Calma, calma, señores. Yo vine sólo para tratar un asunto insignificante de rutina. No transformemos esto en una escuela de subversivos.

(Instantes de silencio.)

Fernández. ¿Quién está haciendo tal cosa?

Ferrer. Nadie, nadie, por eso, sólo trato de prevenir que ocurra.

Portela. ¿Que ocurra qué?

Coe. El inspector ya lo dijo. Él trata de impedir que este bar se transforme en una escuela de subversivos.

Fernández. Ningún bar se está convirtiendo en una escuela de subversivos.

Ferrer. ¿Cómo puede estar tan informado sobre lo que ocurre en la totalidá de los bares?

Portela. El señor Fernández no habló de la totalidá de los bares. Él se refirió a ningún bar.

Fernández. Gracias, Portela, pero quizá el inspector tiene razón. Yo no sé lo que ocurre en otros bares. En este bar sí estoy seguro de que nadie está fundando ninguna clase de escuela de ningún tipo.

Ferrer. Claro, claro, eso no lo pongo en duda. Pero tenga en cuenta la posibilidad de que otros bares se vayan degenerando poco a poco hasta convertirse en verdaderos antros de subversión.

Portela. Puede ser, puede ser que eso pase, pero ¿qué responsabilidá tiene sobre eso el señor Fernández?

Ferrer. Por supuesto que ninguna. Eso está fuera de discusión.

Coe. El inspector Ferrer sólo está cumpliendo con su deber de tomar precauciones.

Fernández. No entiendo de qué clase de precauciones se trata.

Coe. Esas precauciones tienen que tomarse aunque usted no las entienda.

Portela. Señor Coe: permita que el inspector Ferrer se exprese libremente y de acuerdo a sus propias ideas. No estamos en la época en que ciertas personas imponían sus opiniones a las demás por la fuerza. *(A Fernández.)* ¿Me permitís hacer una llamada?

Fernández. Sí.

Coe. *(A Portela.)* ¿A quién va a llamar?

Portela. A Castro.

Coe. ¿Qué Castro?

Portela. Castronuovo.

Coe. ¿Quién es?

Portela. Es quien acredita ser. ¿Por qué me hace estas preguntas?

Coe. Tenga en cuenta que está en presencia de un oficial de policía.

Fernández. Estoy seguro de que el inspector Ferrer no tienen ningún inconveniente en que el señor Portela haga su llamada.

Ferrer. Eso está descontado. Puede hacer todas las llamadas que desee.

Portela. Gracias.

Ferrer. ¿A quién va a llamar?

Portela. A Castro.

Ferrer. ¿Y sabe el número?

Portela. Creo que sí. *(Descuelga el tubo.)*

Fernández. *(A Portela.)* ¿Qué vas a hacer?

Portela. Llamar.

Fernández. ¿Estás seguro?

Ferrer. ¿Qué ocurre, señor Fernández? ¿Tiene alguna objeción a que su amigo haga esa llamada?

Fernández. No. En absoluto.

Coe. Seguramente tiene miedo de que Portela meta la pata y diga por teléfono cosas muy comprometedoras.

Ferrer. ¿Quién es Portela?

Fernández. Sí. ¿Quién es Portela?

Portela. Soy yo.

Coe. Creo que dice la verdad.

Ferrer. Sí. Yo opino lo mismo.

Portela. ¿Puedo llamar, entonces?

Ferrer. Pero claro, aquí nadie tiene la menor intención de coartar su libertad de llamar por teléfono.

Portela. Gracias.

Ferrer. ¿Está seguro de que es a Castro a quien piensa llamar?

Coe. Eso es imposible de saber. Él puede fingir que está hablando con un tal Castro y estar hablando con una persona que tenga diferente documento de identidad.

Ferrer. Sí; no se puede verificar telefónicamente un documento de identidad.

Coe. Señor Portela, creo de buena fe que lo mejor va a ser que postergue su llamada.

Ferrer. No, no por favor, señor Portela, haga su llamada tranquilo.

Coe. (A Ferrer.) ¿No le preocupa que él finja estar hablando con gente que quizá ni siquiera figura como abonada en el directorio telefónico?

Ferrer. No creo que el señor Portela sea capaz de hacer una cosa así. Digamé, señor Portela, ¿usted es realmente ciego, o sólo finge serlo?

Portela. No, yo soy... un poco ciego. (*Disca diecisiete números. Los demás se mantienen en silencio; él también, más allá del ruido que pueda estar haciendo al discar.*)

Coe. Eh, diga, cuántos números va a discar.

Portela. Los que sean necesarios.

Ferrer. Continúe, continúe, señor Portela.

Portela. No. Tengo que empezar de nuevo. *(Disca diez números.)*

Coe. Ey, ésos no son los mismos números que discó la otra vez. Yo lo estaba mirando.

Fernández. Está equivocado. Puedo recomendarle un buen oculista.

Coe. Cuál.

Fernández. El doctor Porteiro.

Coe. El doctor Porteiro no es oculista. Es dentista.

Portela. Una cosa no quita la otra.

Fernández. Gracias, Portela, pero el doctor Porteiro no es dentista. Es oculista.

Ferrer. Es evidente que están hablando de diferentes personas. Si pudiéramos examinar los documentos de identidad de ambos doctores, comprobaríamos que no tienen la misma numeración, pese a tener el mismo apellido.

Fernández. Sí, por eso, el que yo digo es oculista.

Coe. ¿Puede probar eso?

Fernández. Acá no, pero...

Coe. ¿Ve, inspector? Este hombre no tiene pruebas.

Fernández. Puedo llamar por teléfono al doctor Porteiro para que corrobore lo que digo.

Portela. Primero déjenme arribar a buen puerto con mi llamada.

Coe. Si piensa escapar por medio de una llamada telefónica, tengo que decirle que es un poco ingenuo.

Ferrer. Cálmese, señor Coe. Estoy seguro de que nadie tiene intenciones de escapar.

Fernández. ¿Escapar de qué?

Ferrer. De nada, de nada. Haga su llamada en paz, señor Portela.

Portela. *(A Fernández.)* ¿Puedo?

Fernández. Qué.

Portela. Si me permitís.

Fernández. Qué cosa.

Portela. Llamar.

Fernández. Sí.

Coe. (A Portela.) El inspector ya le había dicho que podía llamar. No necesitaba consultar al señor Fernández.

Portela. El señor Fernández es el propietario del teléfono.

Ferrer. ¿Tiene pruebas de eso?

Fernández. Sí. Tengo toda la documentación correspondiente.

Ferrer. Perfecto. Adelante, entonces, señor Portela, con su llamado.

Coe. Espere, inspector. El teléfono puede ser propiedad del señor Fernández, pero la ciudad en su totalidad está a su cuidado, así que usted tiene todo el derecho de disponer sobre la pertinencia o no de una llamada telefónica como ésa.

Ferrer. Gracias, señor Coe, pero usted se olvida de que estamos en democracia. No puedo disponer hasta tal punto de lo que vayan a hacer el señor Portela o el señor Fernández en su vida privada.

Fernández. Entonces, inspector, si no es su intención interferir en nuestros asuntos, quisiera preguntarle cuál es la razón de su presencia hoy acá.

Coe. El inspector Ferrer vino hoy porque así lo tenía previsto desde hace días, pero una pequeña alteración en el orden de las páginas de su agenda podría haber transferido su visita al día de ayer, o al de mañana.

Fernández. Eso no satisface mi curiosidad.

Coe. Ese grado de curiosidad es característico de quienes tienen marcadas tendencias feminoides.

Fernández. Puedo asegurarle que si yo tuviera tendencias feminoides, no las satisfaría formulando preguntas.

Ferrer. ¿Ah no? ¿Y cómo lo haría, señor Fernández? ¿Por medio de actos aberrantes?

Fernández. ¿A qué se refiere con actos aberrantes? ¿A operar la desaparición de un mozo en la propia cocina del bar donde trabaja, por ejemplo?

Ferrer. Eso que usted describe parece más bien un acto de magia.

Portela. Sí. A mí me gustaría aprender ese número para utilizarlo durante la animación de cumpleaños infantiles.

Ferrer. Eso sería estupendo.

Coe. Sí. Y podría complementarse con la exhibición de películas pornográficas para niños.

Fernández. ¿Películas pornográficas para niños? Nunca oí semejante cosa. ¿Qué hacen? ¿Muestran madres amamantando a sus hijos? ¿O usan solamente niños como actores?

Coe. No, señor Fernández. Las películas pornográficas para niños son filmadas con actores adultos, como las otras; sólo que estos actores aparecen siempre vestidos correctamente.

Fernández. ¿Entonces por qué son pornográficas?

Coe. Es que los argumentos son los mismos que los de las películas pornográficas para adultos, pero los actores aparecen bien vestidos, para que los niños puedan verlos sin que eso les ocasione perjuicios en la constitución de su personalidad moral.

Ferrer. Excelente. Si usted consigue esas películas, podríamos montar una verdadera empresa.

Fernández. ¿Y cuál sería su participación en esa empresa, inspector Ferrer?

Ferrer. Alucinógenos. Alucinógenos infantiles, por supuesto.

Portela. ¿No será nocivo eso para los niños?

Ferrer. En absoluto. Producen alucinaciones adecuadas a la mentalidad infantil. Un niño podrá evocar la historia de Hansel y Gretel, otro la del gato con botas, en fin, cada envase indica con abundantes ilustraciones el cuento de hadas que la química recreará en la mente del niño.

Fernández. ¿Quién garantiza eso?

Ferrer. Maestros, profesores, educadores, pedagogos. Hay un equipo docente muy calificado que supervisa las pruebas.

Fernández. Es interesante.

Coe. ¿Está dispuesto a invertir en ello?

Fernández. Tengo que... pensarlo un poco. No estaba preparado para un ofrecimiento de este tipo. Creí que la visita del inspector Ferrer se debía a otras razones.

Coe. ¿Qué razones?

Fernández. No sé, no podía imaginarlas.

Coe. ¿A qué le tiene miedo, señor Fernández? ¿Qué es lo que oculta y teme que descubra el inspector Ferrer?

Portela. Él no oculta nada. Más bien es usted quien debería dar explicaciones al inspector sobre la suerte corrida por el mozo de este bar.

Fernández. Sí. Y por Ruth.

Ferrer. ¿Quién?

Fernández. No, nada, perdonen. Dije algo que tiene muy poco sentido.

Coe. Yo diría más bien que se deschavó.

Ferrer. ¿Sí, eh? *(Saca un revólver.)* ¿Quién es esa Ruth?

Fernández. Pero ¿qué pasa? ¿Tiene intenciones de arrestarme, acaso?

Portela. ¿Cuáles son los cargos, inspector?

Ferrer. No, ninguno. *(Guarda el revólver.)* No se preocupen. Todo está bien.

Fernández. Usted me está poniendo nervioso, inspector.

Coe. Puedo recomendarle un buen siquiatra.

Portela. *(A Ferrer.)* Acuérdese que ya se terminaron los tiempos en que la policía se llevaba a la gente sin motivo.

Ferrer. La policía nunca se llevó a nadie sin motivo. Pero tranquilícese, yo no vine a practicar ningún arresto.

Coe. El inspector Ferrer sólo está tomando precauciones.

Fernández. ¿Precauciones con respecto a qué?

Ferrer. Voy a explicárselo, señor Fernández, y va a ver que no hay ningún motivo para alarmarse. Le recuerdo que estamos en democracia y que usted goza de todos sus derechos y garantías individuales.

Coe. El inspector Ferrer sería capaz de dar la vida con tal de protegerlo, señor Fernández, si alguien se atreviera a cercenar la más intrascendente de las libertades que la Constitución le otorga.

Fernández. Eso cambia las cosas. Me siento más contento.

Coe. ¿Por qué esa alegría? ¿Cree que pudo burlar los presentimientos del inspector?

Portela. ¿Qué presentimientos?

Ferrer. No, no es eso. Estoy seguro de que el señor Fernández se puso contento porque sabe que ahora tiene quien lo proteja.

Portela. ¿A quién tiene?

Coe. Al inspector Ferrer.

Portela. ¿Sólo al inspector Ferrer?

Ferrer. También a todo el cuerpo de policía.

Portela. ¿Incluyendo al personal administrativo?

Ferrer. Por supuesto.

Portela. Entonces, por lo que a mí respecta, que me traigan gente de ese sector. Me llevo mejor con los oficinistas que con los miliquitos.

Coe. Eso que acaba de decir puede costarle la vida. ¿Sabía?

Ferrer. No exagere, señor Coe. Recuerde que estamos en democracia.

Fernández. ¿Entonces qué castigo van a darle a mi amigo?

Coe. ¿Qué amigo?

Fernández. (Señala a Portela.) Él.

Ferrer. Ningún castigo, señor Fernández. No sea drástico. Simplemente vamos a darle una pequeña reprimenda.

Fernández. ¿A mí?

Coe. ¿Por qué piensa que es a usted? ¿Cuáles son las fechorías que oculta y de las que se siente tan culpable?

Ferrer. Yo le preguntaría más bien si detrás de ese mostrador no se oculta ninguna botella de wisky.

Portela. ¿Acaso es ilegal ocultar wisky?

Coe. No es ilegal, pero es muy sospechoso.

Fernández. Señores, yo no oculto wisky. Simplemente lo guardo. ¿Quieren servirse?

Ferrer. ¡Claro! Para eso lo mencioné.

Fernández. Voy a pedirle al mozo que sirva. ¡Mozo!

Portela. ¿Para qué llamás al mozo? Acordáte que desapareció.

Fernández. Es cierto. Me había olvidado. ¡Mozo!

Portela. ¿Para qué lo llamás? Ya te dije que desapareció.

Ferrer. Quizá no desapareció, sino que...

Portela. No, nada de eso. Desapareció.

Fernández. Sí. No se sabe dónde está. ¡Mozo!

(Entra el otro mozo.)

El otro mozo. ¿Señor?

Ferrer. ¿Ven? El mozo está acá. Todo está en orden.

Portela. El señor no es el mozo de este bar.

Fernández. Es cierto. Yo no conozco a este hombre.

Portela. Es un impostor.

Ferrer. Sobre ese punto no se puede confiar en la opinión de un ciego.

Fernández. Él ya le dijo que sólo era un poco ciego.

Ferrer. Seguramente se confunde, entonces. Éste debe ser el mozo. Además está esperando que ordenemos algo.

Fernández. Éste no es el mozo. Se lo digo yo como patrón de este establecimiento. El señor Coe puede atestiguar lo que digo.

Coe. Imposible. No puedo atestiguar eso si usted no me muestra su título de propiedad.

Fernández. No me refiero a eso. Digo que usted puede atestiguar que el señor no es el mozo de este bar.

Coe. Eso depende de usted, si no miente al decir que es el patrón. Si le hace falta un mozo, bien puede contratar a este hombre.

Ferrer. Eso sería magnífico, ya que él muestra tan buena disposición para el trabajo.

Coe. Sí. Tiene cara de ser muy eficiente.

Portela. Eso es cierto. ¿Por qué no lo contratás, Fernández?

Fernández. No tengo intenciones de contratar a nadie hasta tanto no aparezca la persona que con méritos y sacrificios supo conquistar en su momento ese puesto.

Ferrer. Si todos los empresarios que tienen puestos vacantes procedieran como usted, el índice de desocupación se multiplicaría por cuatro en nuestro país.

Fernández. ¿Por qué por cuatro?

Ferrer. Se lo puedo explicar si consigue un pizarrón y una tiza.

Fernández. No tengo.

Coe. Va a tener que conseguir, si no quiere que el inspector le raye todas las mesas con fórmulas matemáticas.

Portela. (A Fernández.) Vas a tener que conseguir.

Fernández. No tengo a quién recurrir para eso.

Coe. Mejor va a ser que trate de ingeniárselas. Su propio cómplice acaba de aconsejárselo.

Fernández. ¿Qué cómplice?

Ferrer. El señor Coe exagera mucho, pero se refiere a su amigo aquí presente. Baltasar Portela.

Portela. ¿Cómo sabe mi nombre?

Ferrer. La denuncia que recibí venía con nombres y apellidos.

Fernández. ¿Qué denuncia?

El otro mozo. ¿Me permiten una interrupción?

(Instantes de silencio.)

Fernández. No.

(Instantes de silencio.)

Ferrer. Sí.

(Instantes de silencio.)

Fernández. No.

(Instantes de silencio.)

Ferrer. Sí.

(Instantes de silencio.)

El otro mozo. Era para preguntarles si desean servirse algo mientras conversan.

Fernández. Bueno, si es para eso sí.

Coe. No. Para eso va a ser mejor que no.

Ferrer. (A Coe.) No tome nada usted si es que le gusta andar con la garganta seca. Para mí que sea un gin cómic.

Portela. Para mí un jugo de chocolate.

El otro mozo. ¿Con limón, señor?

Portela. No es de su incumbencia si lo quiero con limón o sin limón.

Coe. Yo quiero un té.

El otro mozo. De qué.

Coe. De nada.

El otro mozo. ¿Cómo de nada? ¿No dijo que quería un té?

Coe. Sí, claro que quiero un té.

El otro mozo. Bueno, pero té de qué.

Coe. Ya le dije que de nada.

El otro mozo. ¿Entonces qué quiere? ¿Una taza de agua caliente sin nada?

Coe. No señor, no quiero una taza de agua caliente. Quiero un té.

El otro mozo. Pero señor, si no me dice de qué no voy a poder preparárselo.

Ferrer. El señor Coe ya le dijo con toda claridad lo que deseaba servirse, mozo.

El otro mozo. Es que... se requieren ciertas precisiones adicionales.

Fernández. No se requiere nada. Señores, como pueden ver, este hombre los engañó a todos: no tiene la voluntad de trabajo que aparentaba tener.

Portela. Sí, no es más que un atorrante.

Coe. No me sorprende: el otro mozo también lo era.

Ferrer. ¿Cuál otro mozo?

Coe. Ninguno, ninguno.

Fernández. (Al mozo.) Usted váyase. Está despedido.

El otro mozo. En ese caso un delegado del sindicato de mozos va a venir a visitarlo mañana.

Fernández. ¿Tengo que tolerar eso, inspector?

Ferrer. Por supuesto. Estamos en democracia.

Coe. Le guste o no, tiene que respetar los derechos del trabajador.

Fernández. Muy bien, caballeros, yo quisiera aprovechar esta situación de democracia para hacer valer mi derecho a descansar. Ya tuve bastante por hoy, así que si no les molesta les voy a pedir que me dejen solo.

Ferrer. ¿Quiere decir que nos vayamos?

Fernández. Sólo les pido que me dejen solo. Elijan ustedes la forma de hacerlo, yo no soy su tutor.

Ferrer. No sé si usted es mi tutor o no, señor Fernández, pero tengo que decirle que existen poderosas razones para que yo no me vaya de acá sin haberle hecho una serie de preguntas.

Portela. Diga la pregunta número uno, después la número dos, y así sucesivamente, si es que la serie presenta una configuración semejante.

Ferrer. No sé qué configuración presenta la serie, pero no puedo atender a su requerimiento porque las preguntas no están numeradas.

Portela. Puedo prestarle un lápiz, siempre y cuando usted se comprometa a devolvérmelo.

Coe. (A Ferrer.) Inspector, ¿no le parece más prudente que todos nos retiremos ahora y dejemos descansar al señor Fernández? De cualquier manera el asunto carece de importancia.

Ferrer. Es cierto. Creo que podríamos irnos todos. *(A Portela.)* Puede guardarse su lápiz.

Portela. Es muy ingenuo si de verdad creyó que yo se lo iba a prestar.

Fernández. Inspector, yo creo que si las preguntas son breves yo podría contestarlas ahora. Además siento cierta... curiosidad sobre ellas. *(Al mozo.)* Usted váyase. Ya le dije que está despedido.

El otro mozo. Sí, señor. *(Permanece en su lugar.)*

Ferrer. Bueno, señor Fernández, yendo al grano, resulta que recibimos una... denuncia con respecto a ciertas conversaciones que habrían tenido lugar en este bar.

Portela. Yo podría entender que a un escolar se le reproche que sea conversador, si eso interfiere con sus estudios; pero en el caso de personas adultas no veo nada de malo en el hecho de que intervengan en conversaciones.

Coe. El problema no es intervenir en ellas, sino provocarlas.

Ferrer. Yo creo que usted exagera, no es eso tampoco. Está claro que no hay nada de malo en conversar. Yo mismo, debo decirles, soy un gran conversador.

Portela. Sí. Es un charlatán.

Coe. (A Portela.) El inspector Ferrer está armado, así que después no se queje si le rellena la boca con plomo.

Ferrer. Pero ¿qué dice, señor Coe? Este caballero sólo me estaba gastando una broma.

Fernández. Bueno, pero si no hay nada de malo en que la gente acostumbre conversar, ¿qué sentido tienen esas denuncias que recibió, inspector?

Ferrer. Es que la cuestión no radica en que hayan conversado, sino en lo que conversaron.

Fernández. ¿Y qué fue lo que conversamos?

Ferrer. Bueno, yo no lo recuerdo exactamente. Además no traje conmigo los cassettes.

Portela. ¿Qué cassettes? ¿Acaso grabaron lo que se habló en este lugar en alguna oportunidad?

Coe. ¿Le preocupa alguna oportunidad en especial, señor Portela? ¿Es que hay algún día en que usted y otros hayan dicho algo que no debían?

Fernández. ¿Pero qué es esto? No entiendo. ¿No estamos en democracia? ¿Uno no puede hablar de lo que se le antoje?

Ferrer. ¡Pero sí, señor Fernández! No faltaba más. Nadie tendría el menor derecho de hacer la más mínima crítica a su libertad de hablar de lo que usted quiera.

Coe. El inspector Ferrer sólo está tomando precauciones.

Ferrer. Claro, es eso, nada más.

Fernández. ¿Precauciones contra qué cosa?

Ferrer. Es que ahora, señor Fernández, estamos en democracia, pero ¿mañana también lo estaremos? Tenemos que estar protegidos contra cualquier eventualidad.

Coe. El inspector Ferrer está hablando de fortalecer la democracia.

Portela. ¿Y esas precauciones que mencionaba cómo se relacionan con el fortalecimiento de esa democracia?

Ferrer. Es que si algún día —Dios quiera que no— esta democracia se resquebraja, nosotros sabríamos a qué atenernos.

Portela. ¿A qué atenerse con qué?

Ferrer. Con cada ciudadano.

Fernández. ¿Y con nosotros qué pasaría?

Ferrer. Bueno, las conversaciones que ustedes mantuvieron aquí no afectan para nada el orden constitucional vigente en este momento. Pero si ese orden se llega a romper, Dios nos libre, entonces el nuevo orden establecido seguramente va a ser incompatible con el espíritu de las conversaciones que ustedes mantuvieron.

Coe. En otras palabras: los vamos a limpiar.

Portela. ¿Qué está diciendo? ¿Cómo puede hablar así? Si no se retracta de inmediato voy a llamar a la policía para que le dé una lección de urbanidad.

Ferrer. Cálmese, cálmese, señor Portela. Todo está bien. El señor Coe solamente se refería al hipotético caso de que el orden constitucional vigente se rompiera. Nadie piensa en dañar a nadie en las actuales condiciones.

Fernández. Pero ¿usted cree que esas condiciones puedan cambiar? ¿Cree que el orden constitucional pueda romperse?

Ferrer. De ningún modo. Ese orden es inquebrantable, porque emana de la esencia misma de nuestro pueblo.

Coe. El inspector Ferrer sería capaz de sacrificar su vida en defensa de los sagrados principios de la Constitución.

Portela. Más vale así.

Fernández. O sea que por lo que acá se conversó no... no va a haber problemas, ¿verdad?

Ferrer. ¿Problemas? ¿Qué clase de problemas?

Fernández. No sé. ¿Nadie va a venir a molestarnos?

Coe. Eso jamás lo permitiría el inspector Ferrer.

Portela. Más vale así.

Fernández. Nadie va a venir a decirnos lo que podemos hablar y lo que no, ¿verdad?

Ferrer. Si alguien tuviera la osadía de hacer eso, tendría que vérselas conmigo.

Portela. Más vale así.

Coe. Sí. La democracia hay que defenderla y fortalecerla.

Ferrer. Sí. Hay que fortificarla.

Coe. Deberían constituirse escuadrones especiales para ese fin.

Ferrer. Sí. ¿Usted se alistaría, señor Fernández, como voluntario en alguno de esos escuadrones?

Fernández. ¿Yo?... Sí, creo que sí. En mi tiempo libre.

Coe. Se necesita más que eso. El patriotismo no es un hobby.

Portela. Yo no tengo mucho tiempo.

Ferrer. No importa. No necesitamos ciegos.

Fernández. Él ya le dijo que no es ciego. Sólo es un poco ciego.

Coe. No importa, no nos sirve.

Portela. No es a ustedes a quien tengo que servir. Es a la Constitución.

Coe. A usted nadie le pidió que sirva para nada.

Portela. Me alegro, porque como ya le dije no tendría tiempo de hacerlo tampoco.

Ferrer. ¿No tiene tiempo de servir a su país? Eso es curioso. En cambio, creo que el señor Fernández tiene posibilidades reales de convertirse en un excelente soldado. Unos pocos meses de entrenamiento serían más que suficientes.

Fernández. No, no me considero apto para eso.

Coe. Va a tener que arreglarse de alguna manera. Hacen falta muchos soldados. Lo ideal sería que cada familia pudiera tener en su casa una habitación especial para alojar a un soldado que se encargara de velar por el cumplimiento de las leyes en cada hogar.

Ferrer. Más bien creo que se necesitarían dos soldados en cada hogar. Uno por turno.

Portela. ¿Cuál sería la hora del cambio de turno?

Coe. No se haga la ilusión de que va a poder escapar de su casa a la hora del cambio de turno. Los soldados están bien entrenados.

Fernández. ¿Qué quiere decir eso? ¿El gobierno está planeando realmente implantar soldados en nuestras casas?

Ferrer. ¿Cómo se le ocurre semejante cosa? Permítame recordarle que estamos en democracia.

Portela. (Señalando a Coe.) Este señor no parece entenderlo así.

Ferrer. Estoy seguro de que sí lo entiende. Él sólo se refería al hipotético caso de que nuestro país cayera en manos de un gobierno no constitucional.

Fernández. ¿Y corremos peligro de que eso pase?

Coe. No. No mientras haya en el departamento de policía hombres como el inspector Ferrer.

Portela. (A Fernández.) El inspector Ferrer es toda una garantía.

Fernández. Bueno, pero entonces, si no hay peligro, ¿para qué nos estamos preocupando tanto?

Coe. Tiene razón. Es absurdo abrigar temores cuando se sabe muy bien que la policía y el ejército están llenos de hombres que piensan y actúan exactamente como el inspector Ferrer.

Fernández. Creo que esta noche voy a poder dormir tranquilo.

Ferrer. Daré instrucciones al soldado de guardia para que no lo moleste.

Fernández. A quién, ¿a mí?

Ferrer. Sí. ¿No dijo que quería dormir tranquilo?

Fernández. Sí, pero no entiendo, ¿no dijo usted que el gobierno no piensa tomar esa medida de instalar soldados en las casas?

Coe. El inspector Ferrer sólo hablaba en el hipotético supuesto de que la Constitución viera momentáneamente suspendida su vigencia.

Fernández. ¡Pero cómo! ¿Entonces eso puede ocurrir esta misma noche?

Ferrer. No, señor. Ni esta noche ni ninguna otra mientras yo esté vivo. El que pretenda pasar por sobre la Constitución tendrá que pasar primero sobre mi cadáver.

Coe. (A Fernández.) Como ve, la hipótesis de la ruptura institucional es sólo una mera fantasía.

Portela. Y digamé, en caso de que esa fantasía dejara de ser tan fantástica...

Coe. Eso sería fantástico.

Portela. ¿Qué quiere decir con eso?

Ferrer. Sólo una broma; siga hablando, señor Portela.

Portela. Lo que quiero saber es si los que participaron en aquellas conversaciones que ustedes tienen grabadas se verían en dificultades.

Ferrer. ¿Por qué lo pregunta? ¿Dijo algo... fuera de lugar, en esas conversaciones?

Portela. No. Todos fueron pensamientos abstractos que no tienen implicancias prácticas de ningún tipo.

Coe. El inspector Ferrer podrá corroborar eso cuando vuelva a escuchar las grabaciones, ahora que conoce su voz.

Portela. Sí. Yo pongo las manos en el fuego por lo que dije. Pero eso sí: no respondo por lo que hayan dicho otros.

Coe. ¿Otros como quién? ¿Como el señor Fernández?

Portela. Sin comentarios. No soy un alcahuete, como otros.

Coe. ¿Otros como quién? ¿A quién se refiere?

Portela. A los que no son capaces de desarrollar un criterio propio, y tienen que depender del de otros.

Coe. ¿Otros como quién? ¿Como los superiores jerárquicos?

Portela. No me interesan las jerarquías. Usted manda en su casa, y en la mía mando yo y no manda ningún otro.

Coe. ¿Otro como quién? ¿Qué quiere decir?

Portela. Quiero decir que ya me tiene cansado con sus preguntas. No pienso contestarle más. Que me pregunte otro.

Coe. ¿Otro como quién? ¿Como el inspector Ferrer?

Ferrer. No. Este inspector Ferrer ya está cansado y se quiere ir a dormir. Creo que los señores comprendieron de sobra qué actitud deberán tomar en el futuro con respecto a aquellas conversaciones.

Portela. Yo ya le dije que mis palabras no pueden haber ofendido a nadie. El que sí se pasa hablando de política es el señor Fernández.

Coe. *(A Ferrer.)* Entonces esa voz tan repugnante que aparece en las grabaciones debe ser la de Fernández.

Fernández. ¿Pero qué pasa? ¿No me aseguraron ustedes hace un momento que nadie podría reprocharme nada de lo que dijese mientras dure nuestra bendita democracia?

Ferrer. Por supuesto. El señor Coe sólo se refirió al tono de su voz. Ya le dije hasta qué punto estaba yo dispuesto a luchar por su libertad de expresión y por la de todos los ciudadanos de este país. Muy buenas noches. *(Se va.)*

Coe. Buenas noches. *(Se va atrás de Ferrer.)*

Fernández. (Al mozo.) Usted váyase también. Ya le dije que estaba despedido.

El otro mozo. Sí, señor. *(Permanece en su lugar.)*

Portela. ¿No escuchó al señor Fernández? Váyase. Está despedido.

El otro mozo. Sí, señor. *(Permanece en su lugar.)*

Fernández. ¿No escuchó al señor Portela? Le dijo que se fuera: está despedido.

El otro mozo. Sí, señor. *(Permanece en su lugar.)* ˙

Portela. ¿Está sordo, o no escuchó lo que le dijo el señor Fernández? Está despedido.

El otro mozo. Sí, señor. *(Permanece en su lugar.)*

Fernández. Ya escuchó al señor Portela. Váyase.

El otro mozo. Sí, señor. *(Permanece en su lugar.)*

Portela. El señor Fernández acaba de pedirle que se vaya. Obedezca.

El otro mozo. Sí, señor. *(Permanece en su lugar.)*

Fernández. Dice que sí pero no obedece. El señor Portela fue por demás explícito al pedirle que se fuera.

El otro mozo. Sí, señor. *(Permanece en su lugar.)*

Portela. Entonces váyase. Eso es lo que el señor Fernández está tratando de decirle.

El otro mozo. Sí, señor. Enseguida. *(Permanece en su lugar.)*

Fernández. Así está mejor. Hágale caso al señor Portela.

El otro mozo. Sí, señor. Enseguida. *(Permanece en su lugar.)*

Portela. O sea que tiene que irse. Váyase.

El otro mozo. Sí, señor. Enseguida. *(Permanece en su lugar.)*

Fernández. ¿Qué espera? Váyase. Está despedido. El señor Portela ya se lo dijo más de una vez.

El otro mozo. Sí, señor. Enseguida. *(Permanece en su lugar.)*

Portela. ¿No sintió? El señor Fernández acaba de despedirlo. Retírese.

El otro mozo. Sí, señor. Enseguida. *(Permanece en su lugar.)*

Fernández. Bueno. ¿Y?

El otro mozo. Sí, señor. Enseguida. *(Permanece en su lugar.)*

Portela. ¿Sabe que si no se va enseguida vamos a tomar medidas de fuerza?

El otro mozo. Sí, señor. Enseguida me voy. *(Permanece en su lugar.)*

Fernández. Me alegra que así sea; de otro modo tendríamos que llamar a la policía.

El otro mozo. No, señor. Yo me voy enseguida. *(Permanece en su lugar.)*

Portela. Muy bien. Espero que lo haga.

El otro mozo. Sí, señor. Enseguida me voy. *(Permanece en su lugar.)*

Fernández. ¿Y cómo es que todavía no se fue? Creí que se disponía a irse.

El otro mozo. Sí, señor. Enseguida me voy. *(Permanece en su lugar.)*

Portela. ¿Enseguida cuándo? El señor Fernández le pidió que se fuera ahora mismo.

El otro mozo. Sí, señor. Ahora me voy. *(Permanece en su lugar.)*

Fernández. Perfecto. Me alegro que lo haya entendido.

El otro mozo. Sí, señor. Me voy. *(Permanece en su lugar.)*

Portela. ¿Se va?

El otro mozo. Sí, señor. Ahora me voy. *(Permanece en su lugar.)*

Fernández. Sí, váyase ya.

El otro mozo. Sí, señor. Me voy ahora. *(Permanece en su lugar.)*

Fernández. Ahora no: ya.

El otro mozo. Sí, señor. Ya me voy. *(Permanece en su lugar.)*

Fernández. Sí. Era hora de que lo hiciera.

(Fernández y Portela van saliendo, mientras el mozo queda quieto en su lugar.)

El otro mozo. Sí, señor.
Portela. Sí. Por fin.
El otro mozo. Sí, señor.
Fernández. Sí. Menos mal.
El otro mozo. Sí, señor.
Portela. Qué alivio.
El otro mozo. Sí, señor.

Queda solo. Se sienta. Luego aparece también Coe y se sienta. Luego aparece también Fernández y se sienta. Luego aparece también el primer mozo y se sienta. Luego aparece también Portela y se sienta. Luego aparece también Ferrer y se sienta. Entonces todos se levantan y saludan. La función ¡ha terminado!

No juegues con fuego porque lo podés apagar

No juegues con fuego porque lo podés apagar

1993

Fue estrenada el 7 de mayo de 1993 en la Sala 3 del Teatro del Anglo (Montevideo), bajo la dirección de Leo Maslíah y con el siguiente reparto:

Patricio Fonseca:	Riki Musso
Frenelao Macartínez:	Leo Maslíah
	Roberto Musso (en posteriores funciones)
Sylvia Martinato:	Sylvia Roig
El camarógrafo:	Alejandro Büsch
El inspector Ferrer:	Tomás Blezio
Ramón Gómeri:	Ernesto Depauli
Gumersinda:	Adriana Ducret
Simergunda:	Laura Horta

La escena representa una habitación. Hay una mesa, un pizarrón, algunas sillas, y debajo de la mesa hay un balde o palangana.

Es de suma importancia que cada personaje, cuando entra, lo haga vestido de la misma forma que en su entrada posterior, si la hubiere, salvo las veces en que el texto pide expresamente lo contrario.

Escena 1

Frenelao. A mí de los Beatles el que siempre me gustó más fue Elton John.

Fonseca. ¿Más que George Bush?

Frenelao. En general sí.

Fonseca. Yo prefiero a Paul Anka.

Frenelao. ¿Y Olivia Newton-John?

Fonseca. No, a ella nunca la aceptaron en el grupo. Pero ahora que se disolvió parece que está por entrar, me dijeron.

Frenelao. ¿Te dijeron, o lo leíste en una de esas revistas de chismes que inventan cualquier cosa?

Fonseca. No, no lo leí, me lo dijeron.

Frenelao. ¿Y quién te lo dijo? Porque mirá que no le podés hacer caso a cualquiera; tiene que ser una persona autorizada. Por ejemplo, un periodista de los que escriben en alguna de esas revistas de chismes, que siempre están enteradas de todo.

Fonseca. Sí, era un periodista. Una periodista, me parece.

Frenelao. ¿Te mostró su carné? ¿Estaba acreditada?

Fonseca. No sé. El carné no me lo quiso mostrar. Me dijo que yo no estaba acreditado para pedírselo.

145

Frenelao. ¿Eso te dijo? Mirá, dame la dirección, por favor. Yo le voy a ir a cantar cuatro verdades, a esa tipa.

Fonseca. Qué verdades.

Frenelao. Le voy a cantar las cuatro nobles verdades, de Buda.

Fonseca. No creo que te preste atención.

Frenelao. No importa. Dame la dirección

Fonseca. No, dejá. No hay que darle bola.

Frenelao. Dame la dirección.

Fonseca. No, en serio, no se necesita que vayas.

Frenelao. Dame la dirección.

Fonseca. Prefiero que no vayas, ¿entendés?

Frenelao. Ta bien, no voy a ir. Pero igual dame la dirección.

Fonseca. Para qué.

Frenelao. Después te explico. Dame la dirección.

Fonseca. No.

Frenelao. Dámela.

Fonseca. No, no te la voy a dar.

Frenelao. Dame la dirección.

Fonseca. Para qué.

Frenelao. Ya te dije.

Fonseca. No, no me dijiste.

Frenelao. Está bien, te lo reconozco, pero dame la dirección.

Fonseca. Te lo digo por última vez: no te la voy a dar.

Frenelao. Dame la dirección.

Fonseca. ¿No me escuchaste? Te dije que no te la voy a dar.

Frenelao. Sí me la vas a dar. Dame la dirección.

Fonseca. No la tengo.

Frenelao. No te creo. Dame la dirección.

Fonseca. Libertad 2535 apartamento dos.

Frenelao. Dame la dirección.

Fonseca. Ya te la di.

Frenelao. Dame la dirección.

Fonseca. Ya te la di, ¿no la escuchaste?

Frenelao. No. Dame la dirección.

Fonseca. Ya te la di. No te la pienso dar otra vez.

Frenelao. Es que vos no me entendés. Necesito esa dirección.

Fonseca. Para qué.

Frenelao. Es personal. No te lo puedo decir.

Fonseca. Bueno, está bien, te la voy a dar: Avenida Brasil 2409.

Frenelao. No, esa no es. Me estás engañando.

Fonseca. Te juro que es ahí: Avenida Brasil 2409.

Frenelao. No, ahí no es. Es en la calle Libertad.

Fonseca. No.

Frenelao. Sí: Libertad 2535.

Fonseca. No. Eso es una mentira.

Frenelao. Y por qué no vas, entonces, si es mentira.

Fonseca. ¿Adónde querés que vaya? Yo no tengo por qué ir a ninguna parte.

Frenelao. Ah, ¿viste? No querés ir porque sabés que no es ahí.

Fonseca. Imbécil, eso era lo que yo te decía, que ahí no era.

Frenelao. Es ahí, sí, claro que es ahí. Yo fui.

Fonseca. Adónde fuiste.

Frenelao. Ahí.

Fonseca. Ahí adónde.

Frenelao. Ahí, a ese lugar.

Fonseca. Qué lugar. Decíme la dirección.

Frenelao. No importa la dirección. Yo sé que era ahí.

Fonseca. Bueno, decíme dónde, si no no te puedo dar la razón.

Frenelao. Era ahí, no sé, cerca del parque.

Fonseca. Decíme bien la dirección.

Frenelao. No me acuerdo bien. Sé ir, pero no me acuerdo cómo se llama la calle.

Fonseca. No importa la calle. Necesito la dirección.

Frenelao. No te la puedo dar.

Fonseca. Me la tenés que dar. Dámela.

Frenelao. No la tengo escrita.

Fonseca. Bueno, decímela de memoria.

Frenelao. No puedo.

Fonseca. Recitámela.

Frenelao. No.

Fonseca. Hacé un esfuerzo. La necesito.

Frenelao. Lo siento. Vas a tener que recurrir a otra persona.

Fonseca. Sí, ya veo que sí. Porque en esta casa no hay solidaridad.

Frenelao. No es eso. Es que no la tengo. Te lo juro.

Fonseca. Por qué me lo jurás.

Frenelao. ¿Por qué? Porque sí, porque sé que es así.

Fonseca. No. Te pregunto por qué cosa, o por quién me lo jurás.

Frenelao. Ah, por Júpiter.

Fonseca. Quién es.

Frenelao. ¿Júpiter? Es un dios.

Fonseca. Dios de quién.

Frenelao. De nadie.

(Expresión interrogativa de Fonseca.)

Frenelao. Sí, de nadie. Antes era dios de unos, pero esos no están más. Así que ahora no es dios de nadie.

Fonseca. Entonces es muy difícil creer en él.

Frenelao. ¿Vos creés en él?

Fonseca. No sé. Yo creo en Dios. O mejor dicho, no es que crea, es que sé de Dios. Sé que Él existe.

Frenelao. ¿Cómo lo sabés?

Fonseca. Hay varias pruebas que lo demuestran irrefutablemente. Por ejemplo, la prueba de Descartes. *(Escribe en el pizarrón, traduciendo a símbolos matemáticos lo que va diciendo.)* Dios es perfecto, por lo tanto tiene que existir, porque algo que no existe es imperfecto, por tener el defecto de no existir.

Frenelao. Sí, eso suena muy lógico, pero...

Fonseca. Hay muchas pruebas más. Por ejemplo, el argumento de Groucho Marx. *(Vuelve a escribir.)* Él decía que nunca podía asociarse a un club que lo aceptara a él como socio.

Frenelao. ¿Y?

Fonseca. Entonces tenía que poder trascenderse a sí mismo. Eso implica la divinidad, porque uno se trasciende en Dios.

Frenelao. Sí. Es cierto.

Fonseca. Y hay muchos argumentos más. Están los de Einstein, los de Pascal, los de Pirandello. Hay un montón. La existencia de Dios es una cosa que está más que probada científicamente.

Frenelao. Sí, es cierto, pero...

Fonseca. Qué.

Frenelao. Yo tengo un problema de creencias, ahí, porque por más que la lógica me diga que Dios existe..., no sé..., hay una cuestión de fe que a mí me dice que no, ¿entendés? No sé si lo podrás entender, porque es algo que va más allá de lo racional. Yo tengo un sentimiento interno que es muy fuerte, ¿sabés? Es algo maravilloso. Yo miro a la gente, miro a las plantas, a los animales, a las piedras y... no sé, siento en el nivel más profundo de mi mente y de mi corazón la certeza de que estamos solos, ¿entendés? Que no hay nada más que nosotros en el universo. Bueno, habrá otros tipos, con cuernos, o con antenas, en algún otro planeta, pero ellos están tan solos como nosotros. Yo no tengo pruebas, no puedo demostrarte esto que te estoy diciendo, pero te pido que hagas tu experiencia de fe. Meditá contigo mismo en tu soledad más profunda y quizá entonces puedas entrever eso que te estoy diciendo, lo maravilloso que es que estemos solos, entendés, que no haya ningún ser superior que esté allá arriba controlándonos, hinchándonos las pelotas para que hagamos lo que él quiere, ¿te das cuenta? Y esa es la verdad; yo siento que es así. Estamos acá sin que nadie nos haya puesto. Eso es un milagro, ya sé. Yo no te pido que creas en milagros, pero qué querés, mi fe es inquebrantable, Patricio. Por más argumentos y demostraciones que me presenten, yo voy a seguir sabiendo que en el fondo, el mayor secreto del cosmos es que no tiene ningún dios, y que no tiene ningún otro sentido que el que a cualquiera de nosotros se le ocurra darle.

Escena 2

Sylvia Martinato. (Entra.) Perdón, ¿el señor Frenelao?

Frenelao. Sí.

Sylvia Martinato. (Tiende una mano.) Sylvia Martinato, de canal seis. *(Estrecha la mano de Frenelao.)*

Fonseca. ¡Sylvia Martinato!

Sylvia Martinato. Sí, de canal seis. Del programa Sylvia Preguntar en su Casa por un Millón.

Frenelao. Ah, sí. Yo conocer.

Sylvia Martinato. Sí. Ser el programa de más audiencia que haber. Si ustedes querer participar, nosotros grabar ahora mismo.

Fonseca. ¡Sí, querer, querer! ¡Nosotros querer!

Sylvia Martinato. Cameraman, pasar, por favor.

Escena 3

(Entra el camarógrafo.)

Frenelao. ¿Por qué elegir esta casa?

Sylvia Martinato. (Al camarógrafo.) Por aquí, por favor. *(A Frenelao.)* Nuestro equipo de producción elegirla por azar. Primero sortear calle y luego número. Salir calle Frenelao número veintiséis, esquina Patricio Fonseca.

Fonseca. Ser un error. Yo ser Patricio Fonseca, pero la calle de la esquina no llamarse así.

Sylvia Martinato. ¡No poder ser!

Frenelao. Pero ser. Yo llamarme Frenelao, pero la calle de esta casa no. Faltarme méritos, para eso.

El camarógrafo. Otro error de tu productor, Sylvia. Deber cambiarlo. Ser un pelotudo.

Sylvia Martinato. Tener razón. Irnos.

Fonseca. Entonces ¿no poder quedarse?

El camarógrafo. Lamentar, pero no.

Frenelao. Pero ustedes ilusionarnos.

El camarógrafo. Tener doble trabajo, entonces.

Fonseca. ¡No ser justo! ¡No poder partir así!

Sylvia Martinato. Sentir mucho.

Frenelao. ¿No querer hacer preguntas, aunque ser por quinientos mil?

El camarógrafo. No, señor, nosotros no negociar.

Fonseca. ¿Trescientos mil?

Sylvia Martinato. No ser un problema de números. Ser un problema de honestidad.

Frenelao. ¿Doscientos mil? ¿Dos mil doscientos?

El camarógrafo. No. Canal seis no preguntar por tan poca plata.

Fonseca. Si ser problema de plata yo poder prestar. Ustedes decirme cuánto precisar.

Sylvia Martinato. Yo creer que con cien mil arreglar.

Fonseca. (*Saca su billetera.*) ¿Cien mil? Acá tener.

El camarógrafo. (*Toma el dinero y se lo guarda.*) Agradecer.

Fonseca. Si precisar más, decirlo sin tapujos.

Sylvia Martinato. Precisar más.

Frenelao. (*A Fonseca, refiriéndose a Sylvia.*) Haberlo dicho sin tapujos.

Fonseca. (*A Sylvia.*) Cuánto querer.

Sylvia Martinato. Cien mil más.

Fonseca. (*Mira su billetera.*) No llegar. (*A Frenelao.*) ¿Tú tener?

Frenelao. No, pero poder vender reloj. Ser suizo.

El camarógrafo. Yo interesar. Cuánto pedir por él.

Frenelao. No saber. Costar vender. Ser recuerdo de familia.

El camarógrafo. Para mí venir bien, porque yo no recordar familia.

Sylvia Martinato. Él quedar huérfano cuando su madre nacer. Ser adoptado.

Fonseca. ¿Padres adoptivos ser buenos?

El camarógrafo. No saber. Ellos cagarme a palos, pero decir que ser por mi bien.

Frenelao. Ellos engañarte. Si tú querer, yo vengarte.

Sylvia Martinato. No. Mejor no intervenir.

Frenelao. Sí. Clamar por revancha. *(Al camarógrafo.)* Tú darme la dirección. Yo ir.

El camarógrafo. Tú no poder con padre adoptivo. Ser muy grande.

Frenelao. Entonces yo encargarme de madre adoptiva.

Fonseca. ¿Ser bonita?

El camarógrafo. Sí. Yo enamorar. Y cuando saber que ella no ser madre real, entonces yo consumar amor.

Sylvia Martinato. Él ser Edipo plebeyo.

Frenelao. ¿Y quedar ciego, también?

Sylvia Martinato. No. Él perder sentido del tacto y del olfato.

Fonseca. (Descubre que el camarógrafo lo está filmando.) ¡Eh! ¿Qué hacer? ¡Tú estar grabando!

Frenelao. ¿Qué! ¡Hacer trampa! Querer grabarnos y no pagar millón!

Sylvia Martinato. Millón solamente pagarse si tú dar las respuestas correctas a las preguntas.

Fonseca. Entonces tú preguntar. Yo contestar.

El camarógrafo. Tú perder. Preguntas ser muy difíciles.

Fonseca. Pero yo coleccionar El Gran Saber Larousse. Estar bien asesorado.

Sylvia Martinato. Entonces escuchar la primera pregunta. ¿Estar listo?

Frenelao. Sí.

Sylvia Martinato. Bien. Los Pirineos ¿cuántos ser?

Fonseca. ¿Qué?

Sylvia Martinato. Sí. Cuántos Pirineos haber.

Frenelao. ¿En total?

El camarógrafo. Tú callar. Pregunta ser para él. Para ti tener reservada otra pregunta.

Fonseca. Cuál.

El camarógrafo. Si zapatófono del súper agente 86 estar en su zapato derecho o en su zapato izquierdo.

(Nadie contesta.)

Sylvia Martinato. No saber. Perder.

El camarógrafo. Y como perder, tener que pagar.

Fonseca. Yo no dar un peso más. Ir a cagar.

Sylvia Martinato. (A Frenelao.) ¡Tú! Entregar reloj suizo.

Frenelao. ¿Y si yo negar, qué pasar?

El camarógrafo. Nosotros denunciar.

Fonseca. ¿Ser capaces?

Sylvia Martinato. Sí. Tener diploma.

El camarógrafo. Ella hablar en serio. Mejor entregar reloj.

Frenelao. No poder. Ser suizo.

Sylvia Martinato. No importar. Nosotros tramitar visa.

El camarógrafo. (Haciendo señas a Frenelao de que le dé el reloj.) Agilizar, agilizar. Dar reloj.

Frenelao. ¿No querer dar última chance? ¿Hacer otra pregunta?

Sylvia Martinato. ¿Si tú perder, comprometer a entregar reloj?

Fonseca. Sí.

El camarógrafo. (A Sylvia.) Mejor no arriesgar. Quizá ellos contestar, y nosotros perder reloj.

Fonseca. Ah, tener miedo, ¿eh? Gran Saber Larousse hacerlos temblar.

Sylvia Martinato. ¿Tú llamarte así?

Fonseca. Sí, yo ser cacique Gran Saber Larousse, hermano de Diccionario Enciclopédico Salvat, y primo de Libro Guinness.

(Silencio.)

Frenelao. (A Fonseca.) Tú impresionarlos. Ellos no saber qué decir.

Fonseca. (Orgulloso.) Yo tapar boca de ellos.

Sylvia Martinato. ¿Sí? Entonces contestar esta pregunta: cuántas hormigas comer por día un oso hormiguero.

Fonseca. Cuatro mil doscientas.

(Silencio.)

El camarógrafo. (A Sylvia.) ¿Ser verdad?

Sylvia Martinato. Algunos días sí. Pero otros días comer más.

El camarógrafo. Qué días comer más, ¿martes y jueves?

Frenelao. Eso no importar. La cuestión ser que ustedes perder apuesta y tener que pagar.

Sylvia Martinato. En todo caso pagar a él *(señala a Fonseca).* Tú todavía debernos reloj.

153

Fonseca. (Extiende su mano hacia Sylvia, como quien pide limosna.) Pagar a mí, pagar a mí.

El camarógrafo. Nosotros pagarte cuando él entregar reloj.

Fonseca. (A Frenelao.) Entregar reloj.

Frenelao. Minga.

Sylvia Martinato. Entonces nosotros denunciarte. *(Al camarógrafo.)* Tú. Ir a denunciarlo.

El camarógrafo. Ir con gusto. *(Se va.)*

Fonseca. Yo también ir. Querer cobrar. *(Se va tras el camarógrafo.)*

Escena 4

Frenelao. Situación... ser difícil, ¿no?

Sylvia. Sí. Pero no preocupar. Todo resolverse.

Frenelao. ¿Querer café?

Sylvia. No, gracias. No ser tan protocolar. Poder... conjugar verbos.

Frenelao. ¿En serio? ¿Tú no tomarlo como... abuso de confianza?

Sylvia. No, en absoluto.

Frenelao. Y... ¿te puedo tutear, también?

Sylvia. Pará, nenito, no vayás tan rápido.

Frenelao. Pero tú acabar de tutearme.

Sylvia. No me hables más en infinitivo.

Frenelao. Sí, perdoná. Es que... me da vergüenza. No te conozco bien, todavía.

Sylvia. Bueno, hay tiempo.

Frenelao. Sí, es cuestión de empezar.

Sylvia. Te dije que no me hables más en infinitivo.

Frenelao. Vos acabás de decir "decir".

Sylvia. ¡Basta! Dijiste dos infinitivos seguidos; te voy a matar.

Frenelao. Dijiste un infinitivo.

Sylvia. (Se tapa la boca con la mano.) Uy, sí. Voy a tener que revisar a fondo mi conducta. ¡Uy, revisar, dije revisar! No sé qué me pasa. Estoy muy nerviosa.

Frenelao. Yo creo que es por culpa de ese camarógrafo que trajiste. Es capaz de sacar de quicio a cualquiera.

Sylvia. Sí, pero tengo que aceptarlo. Me lo ponen los del canal.

Frenelao. ¿Es tu novio?

Sylvia. ¿Mi novio? No, ¿por qué?

Frenelao. No, porque yo... quería decirte que... te quería.

Sylvia. ¿A mí?

Frenelao. Sí.

Sylvia. Cuándo.

Frenelao. Cuándo qué, ¿cuándo quería decírtelo, o cuándo te quería?

Sylvia. No sé; las dos cosas.

Frenelao. Bueno, mirá, como querer decírtelo, yo quería decírtelo cuando entraste.

Sylvia. ¿Cuando entré ya me querías?

Frenelao. No, cuando entraste quería decírtelo.

Sylvia. Querías decirme que me querías.

Frenelao. Sí.

Sylvia. Pero todavía no me querías. Sólo querías decírmelo.

Frenelao. Sí.

Sylvia. Entonces ibas a mentirme.

Frenelao. No, yo no quería mentirte.

Sylvia. Ah, ¿fue por eso que no me lo dijiste?

Frenelao. Sí, fue un poco por eso y otro poco porque después... ya había dejado de ser mentira.

Sylvia. Que me querías.

Frenelao. Sí.

Sylvia. O sea que me querías, de verdad.

Frenelao. Sí.

Sylvia. Cuándo.

Frenelao. No sé. Antes.

Sylvia. ¿Y ahora?

Frenelao. Ahora también.

Sylvia. ¿Ahora también me querés?

Frenelao. No. Ahora también te quería.

Sylvia. Ah. ¿Y en el futuro?

Frenelao. En el futuro voy a seguir.

Sylvia. ¿Queriéndome?

Frenelao. No. Habiéndote querido.

Sylvia. ¿Sabés una cosa? Creo que prefiero... volver a hablar en infinitivo.

Frenelao. Es lo que estás haciendo. Dijiste "volver" y "hablar".

Sylvia. Hablando de volver, tengo que volver al canal. Hay otros reportajes para hacer.

Frenelao. No te vayas. Yo te quiero.

Sylvia. Ah, ¿cambiaste?

Frenelao. Sí, es que de pronto... evolucioné.

Sylvia. Ninguna evolución se da de pronto. La evolución es una cosa paulatina, gradual. Se obtiene poco a poco, después de muchos años de matrimonio, a través de peleas, discusiones, infidelidades, frustraciones, terapias...

Frenelao. No pongas las manos en el fuego porque lo podés apagar.

Sylvia. Todavía no hay ningún fuego, así que mal puedo apagarlo.

Frenelao. Qué hay, ¿chispas?

Sylvia. Apenas algún bichito de luz.

Frenelao. Le voy a prender fuego, a ese bicho de luz.

Sylvia. Ah, sí, te creés muy macho, ¿no?

Frenelao. Sí.

Sylvia. ¿Y lo sos?

Frenelao. No.

Sylvia. Entonces no hay trato.

Frenelao. En ese caso andáte.

Sylvia. No tengo por qué irme. Si querés andáte vos, querido.

Frenelao. Claro que me voy a ir. Dame tiempo, nada más, hasta que consiga un apartamento.

Sylvia. Yo ya me ocupé de eso, porque hace tiempo que no te aguanto más. Tomá *(le tira un manojo de llaves)*, acá tenés la llave.

Frenelao. ¿Me alquilaste un apartamento?

Sylvia. Sí.

Frenelao. Dónde está. Decíme la dirección.

Sylvia. Esperá. Primero tenemos que arreglar algunos detalles.

Frenelao. Eso después. Ahora dame la dirección.

Sylvia. Esperá, qué apuro tenés. ¿No te podés quedar unos minutos más?

Frenelao. No. Dame la dirección.

Sylvia. No te doy nada.

Frenelao. Dame la dirección.

Sylvia. Averiguála vos. Yo no te la voy a dar.

Frenelao. Me la tenés que dar. Dámela. Dame la dirección.

Sylvia. Ya te la di.

Frenelao. No. Me diste la llave, pero la dirección no me la diste. Dámela.

Sylvia. ¿Para qué la querés? El apartamento está vacío.

Frenelao. Voy a llamar a un flete. Dame la dirección.

Sylvia. ¿Qué? ¿Te pensás llevar los muebles de esta casa? Ni lo sueñes.

Frenelao. Está bien. Pero dame la dirección.

Sylvia. ¿Me prometés que no te vas a llevar nada?

Frenelao. Sí. Dame la dirección.

Sylvia. Bueno, te la doy, pero no te mudes hoy, mudáte mañana, ¿sí?

Frenelao. Sí. Dame la dirección.

Sylvia. Camino Repetto 2405.

Frenelao. ¿Qué? No, ahí no voy a vivir. Estás loca. Dame la dirección.

Sylvia. Ya te la di. Si sos finoli yo no tengo la culpa.

Frenelao. Dame la dirección.

Sylvia. Ya te la di, tarado, ¿no me escuchaste?

Frenelao. Ésa no es. Dame la dirección verdadera.

Sylvia. Es ésa. Otra no tengo. Si no te gusta devolvéme la llave.

Frenelao. Te doy la llave si me decís la verdadera dirección.

Sylvia. Qué te pasa, a vos, ¿sos sordo? Ya te dije que la dirección es ésa.

Frenelao. Bueno, si es ésa andáte vos, a vivir ahí *(le tira las llaves)*.

Sylvia. (No las agarra.) Sí, las bolas.

Frenelao. Dale, andá. Andáte.

Sylvia. Vos no me podés echar.

Frenelao. Te puedo echar, y te puedo hacer muchas cosas más. Dale, andáte.

Sylvia. Legalmente no me podés echar.

Frenelao. Andáte, andáte con tu mamá, si no te querés ir a Camino Repetto.

Sylvia. Mi mamá murió. Soy adoptada.

Frenelao. ¿Sí? No me vas a enternecer con eso. Andáte.

Sylvia. ¿No me querés más?

Frenelao. Sí, te quiero *(recoge las llaves)*.

Sylvia. ¿Y entonces?

Frenelao. A veces hay que dejar los sentimientos a un lado. Andáte.

Sylvia. Bueno. Dame la llave.

Frenelao. ¿Para qué la querés? No vas a ir a Camino Repetto.

Sylvia. Sí, voy a ir a Camino Repetto. Dame la llave.

Frenelao. Por qué no te vas con tu mamá, mejor.

Sylvia. Ya te dijo que se murió.

Frenelao. Bueno, andáte con tu madre adoptiva, entonces.

Sylvia. No, ni loca. Antes que hacer eso prefiero meterme en el cajón, con mi verdadera madre.

Frenelao. Y bueno, hacélo, ¿por qué no lo hacés? Porque te da cosa, ¿eh?

Sylvia. Y por qué no lo hacés vos, si sos tan corajudo.

Frenelao. Claro que lo hago. Cuánto apostás.

Sylvia. Lo que quieras. Dale.

Frenelao. Mirá, yo te apuesto este reloj. Es suizo. *(Se lo da.)* Y tiene control remoto incorporado.

Sylvia. *(Lo agarra.)* Acepto.

Frenelao. Bueno, dale, vamos al cementerio.

Sylvia. No, yo no voy. Andá vos solo.

Frenelao. ¿Y entonces cómo vas a saber si me metí en el cajón o no?

Sylvia. Traéme un collar de perlas que mi mamá tenía en el cuello cuando la enterraron.

Frenelao. Bueno. Trato hecho *(o expresión de uso corriente que signifique eso)*. *(Se va.)*

Escena 5

Sylvia. Yo cuando estoy sola escribo poesía. *(Se sienta y se dispone a escribir en un cuaderno.)* A ver, vamos a ver *(va diciendo en voz alta lo que escribe)*: Volverán... las... oscuras... golondrinas... a colgar... sus nidos... en el balcón... del vecinito... de enfrente... Antonio... el Camborio... cuyas medias... me dan... *(Sin escribir.)* No, perdón *(escribiendo),* me saben... a hierba... de la que nace... en el valle... a golpe... a golpe... verso... a verso... al andar... se hace... camino... que el tiempo ha borrado... con tu soledad... qué poemas nuevos... fuiste a buscar... y un sendero solo... Leguizamo... y yo... por Juan... Corazón... Ramón... Cantaliso. *(Sin escribir.)* ¿A ver cómo quedó? Mmmm, no, voy a empezar de nuevo. *(Escribe.)* Los... suspiros... son aire... y van... al aire... Las lágrimas... son agua... y van... a los ríos... que van a dar... a la mar... y un rayo... misterioso... hará nido... en tu balcón... Antonio... el... Camboriú... diez días... con todos los gastos pagos... si te vas... pa la ciudá... cuanti más lejos... te vayas... somos mucho... más... que dos. *(Sin escribir.)* Creo que así está bien. Voy a hacer la segunda estrofa. *(Escribe.)* Sueño... con serpientes... no las mates... con cuchillo... matálas... con tenedor... la naranja se pasea... de la cama... al líving. *(Sin escribir.)* Perfecto. Tercera estrofa. *(Escribe.)* No soy de aquí... ni soy... de allá... no voy en tren... voy en avión... te olvidaré... me olvidarás... y yo en la mañana... veré mi ventana... vestida de novia... te vas... al cielo vestida... de novia... y la... *(Sin escribir.)* No. *(Escribe.)* Y la... *(Sin escribir.)* No. *(Escribe.)* Ilarié... ilari.. lari... larié... es... la hora... de bailar... pegados... es bailar.

Escena 6

Entra Fonseca, vestido como botones de hotel, con chaqueta, pantalón y gorro verdes.

Fonseca. Con permiso, señora.

Sylvia. ¿Sí?

Fonseca. Soy el botones del hotel. Quería saber si necesitaba algo.

Sylvia. Qué puede ser.

Fonseca. No sé, algún refresco, algún té, o cigarrillos.

Sylvia. No, nada de eso, gracias.

Fonseca. ¿Precisa jabón, o toallas?

Sylvia. No, tampoco. En el baño hay de todo, por suerte.

Fonseca. ¿Desodorante de ambiente?

Sylvia. No, gracias, no preciso nada.

Fonseca. Bueno, entonces terminemos con esta farsa. *(Se saca la chaqueta.)* Yo no soy el botones del hotel, en realidad. Soy periodista.

Sylvia. ¿Periodista? De qué medio.

Fonseca. De canal seis. Me introduje acá furtivamente porque quisiera hacerle... un reportaje.

Sylvia. ¿Un reportaje? ¿A mí? ¡Qué horror!

Fonseca. Entonces... ¿acepta?

Sylvia. Sí, por supuesto. Pregúnteme lo que quiera. Lo que no pueda contestar yo se lo va a contestar mi agente.

Fonseca. Perfecto. Bueno, ahí va la primera pregunta: ¿dónde estaba usted la noche del 29 de marzo de 1992?

Sylvia. ¿Qué clase de pregunta es ésa?

Fonseca. Bueno, no sé, yo no entiendo mucho de gramática.

Sylvia. Me refiero a por qué me pregunta eso.

Fonseca. Es que aquélla fue la noche de su debut en el teatro Olympia, ¿recuerda?

Sylvia. Bueno, entonces usted mismo se contestó su pregunta, ¿no le parece?

Fonseca. No, porque usted no se presentó en el teatro. Hubo que suspender la función.

Sylvia. Ah, sí, ahora me acuerdo. Esa noche tuve un resfrío alérgico que me impidió salir. Pero espere un momento, usted me dijo que este reportaje era para canal seis, ¿no es cierto?

Fonseca. Sí.

Sylvia. ¿Y dónde están las cámaras?

Fonseca. No pude traerlas, discúlpeme. Es que quería pasar de incógnito. Pero si usted quiere después nos vamos par el canal y hacemos unas tomas.

Sylvia. Bueno.

Fonseca. Sigo con las preguntas. Usted dijo que había tenido un resfrío alérgico. ¿Eso le pasa con frecuencia?

Sylvia. Sí, bastante.

Fonseca. Y a qué lo atribuye.

Sylvia. A que soy alérgica.

Fonseca. A qué.

Sylvia. Eso no lo sé. Si lo supiera, me alejaría de eso que me produce las alergias.

Fonseca. ¿No se le ocurrió que quizá sus fosas nasales no toleran eso que usted acostumbra introducir en ellas?

Sylvia. No sé de qué me habla.

Fonseca. No se haga la idiota, por favor. Todo el mundo sabe que usted se da como adentro de un gorro.

Sylvia. Eso es un rumor.

Fonseca. Sí, pero con fundamento.

Sylvia. No, señor. Hay gente que cree que una, por ser actriz, se tiene que drogar.

Fonseca. ¿Usted es actriz?

Sylvia. *(De mal talante.)* Sí.

Fonseca. Escuche, voy a pedirle algo que no sé si le resultará demasiado atrevido, pero *(saca papel y lápiz)* ¿no me daría un autógrafo?

Sylvia. Sí, claro *(agarra el papel y el lápiz)*.

Fonseca. Es que en realidad *(vuelve a ponerse la chaqueta)* yo no soy periodista, ¿sabe? Soy el botones del hotel. Inventé lo del reportaje para poder quedarme un rato con usted. Y ahora que sé que es actriz, más, todavía.

Sylvia. Más todavía qué. *(Le entrega el autógrafo.)*

Fonseca. (Guardando el papel en el bolsillo.) Más me quiero quedar. *(Se saca la chaqueta.)* Es más: quiero sexo, y lo quiero ya.

Sylvia. Pará un poquito, nene, vamos por partes: vos decís que recién te enterás de que soy actriz.

Fonseca. Sí.

Sylvia. ¿Y entonces cómo sabías que mi debut fue en el teatro Olympia?

Fonseca. (Se saca la camisa.) Está bien, terminemos con esta farsa. Soy periodista, como ya le había dicho. Inventé lo del botones para ver si así le podía sacar más información.

Sylvia. No necesitás tanto circo. Decíme qué información querés y yo te la doy.

Fonseca. Está bien: quién te abastece de cocaína.

Sylvia. Nadie.

Fonseca. ¿La refinás vos misma?

Sylvia. No, idiota, yo no consumo drogas.

Fonseca. Perdonáme que te diga, pero todo funcionaría mejor si cooperaras.

Sylvia. Basta, no te soporto más. Doy por terminada la entrevista.

Fonseca. No seas mala. El televidente quiere saber.

Sylvia. Qué quiere saber, ese televidente.

Fonseca. Quiere saber, por ejemplo, si es cierto que una vez actuaste en un festival donde se recaudaban fondos par financiar la guerrilla salvadoreña.

Sylvia. No. Jamás.

Fonseca. Pero te simpatizaba, ¿verdad?

Sylvia. Esta es una entrevista muy extraña.

Fonseca. Contestá. ¿Te simpatizaba?

Sylvia. No tengo por qué contestar eso. Andáte.

Fonseca. ¿Puedo entender eso como un sí?

Sylvia. No. Dale, borráte de una vez.

Fonseca. Está bien, però promeréme que no vas a presentar quejas de mi comportamiento en la gerencia del hotel.

Sylvia. ¿Eso te preocupa?

Fonseca. Sí *(se vuelve a poner la chaqueta, pero sin la camisa).* Es que… no te dije la verdad. Yo soy el botones de este hotel, lo que pasa es que soy mitómano. No me puedo controlar. Es un mal que contraje en Siberia, durante los crudos inviernos que tuve que pasar. Surgió como una defensa, como un artificio para escapar a la dura realidad.

Sylvia. ¿Eso es verdad, o es otra de tus mentiras?

Fonseca. Está bien, terminemos con esta charada. *(Se saca los zapatos.)* No soy mitómano, y nunca estuve en Siberia. Soy detective privado, y tu marido me contrató para ver si andabas con otro tipo.

Sylvia. Mirá, si yo anduviera con otro tipo no lo haría acá, en este hotel que está en pleno centro de la ciudad.

Fonseca. Dónde lo harías.

Sylvia. No sé, en algún apartamento de un barrio alejado.

Fonseca. Dónde. Decíme en qué calle.

Sylvia. No tengo por qué decirte nada.

Fonseca. Tenés un bulín, ¿verdad? Decíme dónde queda.

Sylvia. No tengo ningún bulín. Basta. Andáte o llamo a seguridad.

Fonseca. Te prometo irme si me das la dirección del bulín.

Sylvia. Ya te dije que no hay ningún bulín.

Fonseca. Bueno, el apartamento, o como se llame. Dónde está, ¿en Nuevo París?

Sylvia. No.

Fonseca. ¿En Lezica?

Sylvia. No.

Fonseca. ¿En Camino Repetto?

Sylvia. (Vacila.) No.

Fonseca. Ah, dudaste, ¿eh? Queda por Camino Repetto. Decíme el número.

Sylvia. Tengo un apartamento por Camino Repetto, pero no es ningún bulín. Aparte ahí vive mi marido, no yo.

163

Fonseca. Bueno, dame la dirección.

Sylvia. Que te la dé mi marido, ya que él te contrató.

Fonseca. Es que yo con él nunca hablé. Siempre traté con interpósita persona.

Sylvia. Qué persona.

Fonseca. Te lo digo si me das la dirección.

Sylvia. No. Se la podés pedir a la interpósita persona.

Fonseca. ¿Por qué tenés tan mala onda? ¿Tu marido no te coge bien?

Sylvia. No es asunto tuyo.

Fonseca. (Mira su reloj.) Mirá, yo tengo un poco de tiempo, ahora. *(Se saca la chaqueta.)* Si querés te puedo hacer un favorcito.

Sylvia. No, gracias, recién tiré.

Fonseca. Qué tiraste, si no había nadie, cuando yo entré acá. ¡Ah, ahora entiendo! Te hiciste una pajita, ¿no?

Sylvia. Basta; no quiero seguir hablando de esto.

Fonseca. Bueno, entonces me voy. *(Se pone los zapatos.)*

Sylvia. ¿Se lo vas a contar a mi marido?

Fonseca. Qué cosa.

Sylvia. Lo de la pajita.

Fonseca. No, mirá. Vamos a terminar con esta mascarada. *(Se pone la camisa.)* Yo no conozco a tu marido, ni sé quién es. No soy detective privado, soy periodista, y te tuve que inventar todo eso porque me mandaron hacer una nota sobre las intimidades de una estrella. A mí me resulta repugnante, pero lo tengo que hacer. Si no, me quedo sin trabajo.

Sylvia. No te quejes. Si vendés tu alma al diablo, bancatelá.

Fonseca. ¿Vos creés en el diablo?

Sylvia. Sí. Bah, creo que creo, no estoy segura. ¿Y vos?

Fonseca. Yo no es que crea, es que sé. Sé que el diablo existe.

Sylvia. Cómo lo sabés.

Fonseca. Hay varias pruebas que lo demuestran irrefutablemente. Por ejemplo, la prueba que se basa en la leyes de Murphy *(va al pizarrón y escribe traducido en símbolos matemáticos lo que va diciendo):* si algo puede salir mal, sale mal. Ésa es la primera ley. La segunda dice: aunque algo no pueda salir mal, sale mal. Dicho de otra forma: aunque el diablo no pueda existir, existe igual. Porque el diablo es el mal.

Sylvia. ¿Vos sos devoto del diablo? ¿Por eso te vestís de rojo?

Fonseca. No. En realidad yo soy... un gigoló. Las mujeres me pagan para que yo las satisfaga. *(Se saca la camisa.)* ¿Vos querés que yo te satisfaga?

Sylvia. No, gracias, yo ya estoy satisfecha.

Fonseca. Te masturbaste, ¿verdad?

Sylvia. Ese tema ya fue tocado.

Fonseca. Sí, pero creí oportuno volver sobre él.

Sylvia. No pienso lo mismo.

Fonseca. Bueno, dale, pagáme. *(Extiende la mano como para recibir dinero.)*

Sylvia. Qué querés que te pague.

Fonseca. Mi tiempo vale, nena. Aunque no hayas querido coger me tenés que pagar igual.

Sylvia. Sí, verdurita, te voy a pagar.

Fonseca. ¿En dólares, me querés pagar? No hay problema.

Sylvia. Yo no te llamé. No tengo por qué pagarte nada.

Fonseca. Pero hiciste uso de mi compañía, así que dale, largá la mosca.

Sylvia. Una cucaracha, te voy a dar. Y ya mismo me voy a hablar con el gerente de este hotel. *(Se va.)*

Escena 7

Fonseca. (Se pasea por la pieza, y ve el cuaderno de Sylvia Martinato.) A ver qué es esto. *(Lee.)* Volarán las oscuras golondrinas que pasan volando junto a la casita donde está mi amor, mi cómplice y todo pasa y todo queda, pero lo nuestro es pasar, pasar haciendo burbujas de amor por donde quiera, un día de domingo. *(Mira al públi-*

co y sonríe.) Qué lindo. *(Vuelve a leer.)* Los suspiros son aire y van a dar a la mar, que es el morir es partir un poco, un poquiiiiiiiito más, y yo en mi ventana veré a la vecinita de enfrente que me tiene loco de ansiedad por tenerte en mis brazos muuuuuusitando palabras, tan sólo palabras hay entre los dos. *(Sin leer.)* Esto es muy bueno, ¡tiene que ser publicado! Y este final... ¡este final es un verdadero alegato a favor de la vida y la esperanza! Dice *(lee)* todas las manos, todas, we are the world, todas las voces todas, we are the children.

(Se oye el relincho de un caballo.)

Fonseca. Qué es eso.

La voz del inspector Ferrer. ¡Quieto! ¡Quieto!

Fonseca. Quién anda ahí.

Escena 8

Entra el inspector Ferrer.

Ferrer. Con permiso.

Fonseca. Quién es usted.

Ferrer. Soy el inspector Ferrer, de la policía montada.

Fonseca. Ah, disculpe. Creí que se trataba de algún merodeador. Hemos sufrido muchos saqueos, en este vecindario, últimamente.

Ferrer. Ya lo sé. Por eso mismo estoy acá. Con mis hombres estamos realizando un operativo en esta área, y... en fin, he trabajado muy duro y cuando vi esa casa me dije "he aquí un lugar donde voy a poder reposar un poco y tomar un buen café".

Fonseca. Pues... escogió el sitio indicado, inspector.

Ferrer. Perfecto. Lo quiero con dos cucharadas de azúcar, entonces.

Fonseca. Con mucho gusto. Sólo que vamos a tener que esperar a que llegue la cocinera. Es ella la que se encarga de esas cosas.

Ferrer. Ah, ¿reparten el trabajo? Me parece bien. Nosotros hacemos lo mismo. Unos se encargan de los homicidios, otros de los robos, otros de distribuir la droga, otros de hacer las cobranzas, en fin...

Fonseca. ¿Y usté de qué se encarga?

Ferrer. ¿Yo? Bueno, entre otras cosas, me encargo de los indiscretos.

Fonseca. Ya veo. Yo conozco algunos, pero mi discreción me impide contarle quiénes son.

Ferrer. No se preocupe, ya me los voy a cruzar en algún momento. ¿Sabe una cosa? Me preocupa su cocinera. Quizá mis hombres la demoraron en alguna esquina, para registrarla. ¿Ella... porta armas?

Fonseca. ¡No, por Dios!

Ferrer. Entonces no va a tener problemas. Escuche, ¿hay alguna razón por la que usté... anda con el torso descubierto?

Fonseca. Sí, señor: tenía calor y me saqué la camisa.

Ferrer. ¿Está seguro?

Fonseca. Sí. *(Le muestra la camisa.)* Ahí está, como puede ver.

Ferrer. Sí, la veo. *(Mira la chaqueta.)* Y también veo que usté se anduvo sacando otras prendas.

Fonseca. Sí. El calor era verdaderamente sofocante.

Ferrer. Me pregunto de qué calor me habla. Yo siento más bien un poco de frío.

Fonseca. Es que yo... soy esquimal. Mi cuerpo está habituado a temperaturas más bajas.

Ferrer. Comprendo. Entonces voy a descartar la hipótesis que venía considerando.

Fonseca. ¿A saber?

Ferrer. Bueno, por un momento creí que usté... se estaba entregando a prácticas eróticas tomando por objeto a su propia persona. En otras palabras, pensé que se había abocado a un culto narcisista.

Fonseca. Yo jamás haría eso: me detesto.

Ferrer. Sí, pero quizá usté se detesta porque se traicionó a sí mismo manteniendo relaciones con alguna otra persona.

Fonseca. Como quién.

Ferrer. No sé. ¿Su cocinera, tal vez?

Fonseca. No. Ella siempre me rechazó. A propósito, se está demorando mucho. ¿Qué le estarán haciendo, sus hombres?

Ferrer. Quizá ella los provocó, y ellos...

Fonseca. Ellos qué.

Ferrer. No hayan querido pasar por maricones.

Fonseca. Por qué, ¿acaso lo son?

Ferrer. No. Por lo general su conducta en ese sentido es irreprochable.

Fonseca. ¿Por qué dice "por lo general"? ¿Acaso hay momentos en que no?

Ferrer. Bueno, sucede que... cuando bromean lo hacen siempre en función de alguna cosa relacionada con la homosexualidad. Es el único tema capaz de hacerlos reír. Parece que para ellos la única alegría de la vida proviniera de eso.

Fonseca. Pero ¿usté cree que ellos... secretamente...?

Ferrer. Mire, joven. Le voy a contar una anécdota. Hace unos años un sargento tenía la costumbre de tratar a uno de mis hombres de maricón. Siempre le daba apelativos de esa clase. Y no só o eso. A veces, cuando pasaba, le tocaba el culo. Hasta que un día este hombre se cansó.

Fonseca. ¿Y? Qué hizo.

Ferrer. Violó al sargento.

Fonseca. A la flauta.

Ferrer. Sí, pero eso no le sirvió de nada. El sargento lo siguió tratando de maricón; y con razón.

Fonseca. Eso depende de cómo se defina la palabra maricón.

Ferrer. Sí. El problema es que nuestro cuerpo de policía no cuenta con gramáticos, ni con profesores de idioma español.

Fonseca. Pero harían falta, ¿no?

Ferrer. Sí, son cada vez más necesarios. Pero hay carencias presupuestarias. El gobierno destina todos sus fondos a la salud y a la educación, y la policía y el ejército que revienten. Fíjese que en los hospitales y en las escuelas públicas pusieron moquette hasta en el techo. Y en la policía tuvimos que retomar el uso del caballo, por falta de vehículos para poder patrullar la ciudad.

Fonseca. De todas formas, creo que un caballo es más humano que un auto.

Ferrer. ¿Le parece? El auto es fabricado por el hombre; el caballo, no.

Fonseca. Cierto, pero en cuanto a parecido físico, el caballo gana por varios cuerpos.

Ferrer. En su caso, posiblemente sí. En el mío, no.

Fonseca. Cuide sus palabras, inspector.

Ferrer. Me sorprende escuchar eso. No creí que un esquimal pudiera ser tan irritable. Usté parece tener más bien un temperamento latino.

Fonseca. Es que por allá en el norte, a veces, ciertas aves migratorias traían... vientos del sur.

Escena 9

Entra el camarógrafo, sin la cámara.

El camarógrafo. Qué aves.

Fonseca. No sé muy bien. Cigüeñas, creo.

Ferrer. Sí, eran cigüeñas. Estoy seguro.

El camarógrafo. Perdonen, hijos míos, pero creo que llegó el momento de que ustedes... sepan ciertas cosas.

Fonseca. Qué cosas.

El camarógrafo. Bueno, esto es algo serio. Creo que... deberíamos sentarnos.

(Ferrer y Fonseca se sientan, cautelosos y expectantes. El camarógrafo lo hace también.)

Ferrer. De qué se trata, papá.

El camarógrafo. Antes de empezar tienen que prometerme que se van a bancar lo que les voy a decir. Les advierto que contiene pasajes que pueden afectar su sensibilidad.

Fonseca. Ah, papá, ya no somos niños. Si supieras las cosas que escuchamos en la escuela.

El camarógrafo. Pero esto es algo muy fuerte. Algo que ninguno de sus compañeritos de escuela puede siquiera sospechar que exista.

Ferrer. Esperá un poquito. ¿Vos pensás que mamá va a estar de acuerdo con que nos hables de estas cosas?

El camarógrafo. Bueno, yo anoche tuve una larga charla con su madre y...

Fonseca. ¿Ella estuvo de acuerdo?

El camarógrafo. Al principio estaba un poco reticente, pero después accedió. Tuve que... seducirla un poco.

Ferrer. (Se pone bruscamente de pie.) Qué le hiciste.

El camarógrafo. Ah, nada fuera de lo común. Le hice... el amor.

Ferrer. (Vuelve a sentarse, aliviado.) Ah.

El camarógrafo. Escuchen, yo creo que éste es un tema muy importante sobre el cual ustedes ya están en edad de saber la verdad. Pero si esto los pone muy nerviosos, lo podemos dejar para otro día.

Fonseca. No, no, decínos, decínos ahora.

El camarógrafo. ¿Están seguros?

Ferrer. Ah, papá, no nos asustes.

Fonseca. ¿Son degeneraciones, lo que nos vas a decir?

El camarógrafo. Alguna gente quizá lo tome así, pero yo pienso que son cosas que todo hombre tiene que saber.

Ferrer. Entonces podés hablar con confianza. Dale, te escuchamos.

El camarógrafo. Muy bien. Vamos a suponer que los tres estamos en un ómnibus que va por la carretera a una velocidad de noventa quilómetros por hora.

Fonseca. Sí.

El camarógrafo. Al decir que va a noventa quilómetros por hora hablamos de la velocidad del ómnibus con respecto a la propia carretera.

Ferrer. Sí.

El camarógrafo. Muy bien. Como nosotros vamos sentados, con respecto al ómnibus estamos quietos, pero con respecto a la carretera vamos a la misma velocidad que el ómnibus, o sea a noventa quilómetros por hora.

Fonseca. ¡Eso es asombroso!

Ferrer. ¡Qué coincidencia!

El camarógrafo. Sí, pero esperen que todavía no les dije lo mejor. Supongan que yo me levanto del asiento para ir al baño, que está tres metros más adelante que el asiento donde voy sentado.

Fonseca. Esperá un poquito que voy a anotar. *(Anota en el cuaderno donde está el poema de Sylvia Martinato.)* Tres metros.

El camarógrafo. No importa, eso no es relevante. Lo relevante es que yo, al caminar por el pasillo del ómnibus, me desplazo de ustedes a una velocidad de nueve quilómetros por hora.

Ferrer. O sea que vas corriendo.

El camarógrafo. Sí, porque estoy apurado por llegar. Pero al desplazarme con respecto a ustedes a nueve quilómetros por hora, ¿a qué velocidad me estoy desplazando con respecto a la carretera?

Fonseca. Si vas caminando en el mismo sentido en que avanza el ómnibus, es evidente que tu velocidad con respecto a la carretera sería *(va al pizarrón y, con gran esfuerzo, hace la cuenta)...* noventa... más... nueve, o sea... noventa y nueve quilómetros por hora.

Ferrer. Sí, sin duda.

El camarógrafo. Eso es lo que hubiera creído Newton. Pero Einstein, cuando formuló la teoría de la relatividad especial, demostró que no era así. La velocidad sería un poco menos que noventa y nueve. Sería *(escribe en el pizarrón, y anuncia en voz alta lo que va escribiendo):*

$$V = \frac{90 + 9}{1 + \dfrac{90 \times 9}{c^2}}$$

Fonseca. O sea que sería... *(Escribe en el pizarrón, mirando la fórmula como si estuviese realizando mentalmente la operación.)* 98,99999999999993824418691... ¡No puedo aceptar eso! Si no fueras mi padre, en este mismo momento te daría tu merecido.

El camarógrafo. Te advertí que esto podría afectar tu sensibilidad.

Ferrer. (Se pone de pie.) Papá, no tenés derecho a vapulear de esa manera el sentido común que vos mismo nos inculcaste.

El camarógrafo. Lo sé, pero...

Fonseca. (Llora.) ¿Por qué tenías que destruir así nuestras ilusiones?

El camarógrafo. Lo siento, realmente lo lamento mucho...

Ferrer. Papá, yo voy a llamar ya mismo al Instituto Nacional del Menor. Tiene que haber alguna ley que nos proteja de personas que vienen a decirnos cosas como la que vos nos acabás de decir.

El camarógrafo. ¡Pero yo no puedo seguir ocultándoles la verdad toda la vida! ¡Tienen que hacerse hombres, algún día, carajo!

Fonseca. ¡Vas a ver, te voy a denunciar! ¡Te voy a denunciar a las autoridades competentes! ¡Vas a ir a la cárcel, por esto! *(Se va, sin llevarse la ropa que se sacó antes.)*

Escena 10

El camarógrafo. Ah, no sé por qué tu hermano se toma las cosas tan a la tremenda.

Ferrer. Él es puritano, qué querés.

El camarógrafo. Sí, pero lo que yo les dije ya es un lugar común aceptado por la ciencia.

Ferrer. (Dolido.) Sí, sí, la ciencia acepta muchas cosas, hoy en día. El travestismo, por ejemplo.

El camarógrafo. ¿El travestismo? ¿Y vos qué sabés, de eso?

Ferrer. Bueno, la química del cuerpo humano es una cosa muy compleja.

El camarógrafo. ¿Te estás dando inyecciones de hormonas?

Ferrer. Bueno, no sé..., ¿acaso vos... abogarías por algún tipo de solución... ortopédica?

El camarógrafo. Para qué.

Ferrer. Para cambiar tu...

El camarógrafo. Mi qué.

Ferrer. No, no, dejá. No es necesario que cambies nada. Estás bien así.

El camarógrafo. ¿Debo entender que tu Edipo, en lugar de apuntar a mamá, está torciendo su rumbo hacia mí?

Ferrer. ¿Hacia vos? No, para nada. Creo que si tuviera que elegir a alguien de la familia, me inclinaría por... la tía Renata.

El camarógrafo. ¡Eso no te lo voy a permitir! ¡No te atrevas a acercarte a la tía Renata! ¿Oíste?

Ferrer. Por qué, ¿la querés sólo para vos? ¿Es que no te basta con la abuela?

El camarógrafo. Eso es diferente. Fue un flechazo.

Ferrer. Sí, ya lo sé. Tuve ocasión de ver las fotos del álbum de la familia; ése que ustedes tan celosamente guardan en el baúl del sótano.

El camarógrafo. ¡Bajaste al sótano!

Ferrer. Tuve que hacerlo.

El camarógrafo. (Se arrodilla ante Ferrer.) ¡Por qué, Héctor, por qué!

Escena 11

Entra Ramón Gómeri. Trae una escoba o un escobillón.

Ramón. Les pido perdón, señores, pero el personal va a tener que limpiar la sala, así que si se pueden retirar, les agradezco mucho.

El camarógrafo. Disculpe, pero el señor y yo estamos en reunión.

Ramón. ¿Sí? Yo más bien creo que usted estaba elevando una plegaria.

El camarógrafo. A quién.

Ramón. No sé. Al dios del cielo.

(El camarógrafo, siempre arrodillado, se pone a rezar en voz baja, persignándose de tanto en tanto.)

Ferrer. (A Ramón.) Señor, usted está interrumpiendo un procedimiento policial. Le ruego que espere afuera.

Ramón. ¿Puedo ver sus credenciales?

Ferrer. Sí. *(Le muestra su carné.)* Soy el inspector Ferrer, de la policía montada.

Ramón. ¿Entonces es suyo ese burrito que está atado ahí en la puerta?

Ferrer. No es ningún burrito, señor... eh...

Ramón. Gómeri. Ramón Gómeri.

Ferrer. (Exaltado.) Pues sepa, señor Ramón Gómeri, o Ramón Jiménez, o Platero y yo, o como se quiera llamar, que mi caballo no es ningún burro, sino un alazán de pura cepa.

Ramón. ¿Sí? Nunca vi un alazán con las orejas tan largas.

Ferrer. ¿Orejas largas? Permítame ver eso.

Ramón. Venga.

Ferrer. A usted, le van a crecer las orejas, por decir esas cosas de mi caballito.

(Ferrer y Ramón se van, montados lo dos a caballo en el escobillón; al salir, se cruzan con Sylvia Martinato, que llega.)

Escena 12

Sylvia Martinato. (Exaltada.) ¡Padre, padre!

El camarógrafo. (Se incorpora.) (De mal talante.) Qué pasa.

Sylvia Martinato. Necesito que me asista, padre. Debo confesarme.

El camarógrafo. Qué hiciste.

Sylvia Martinato. ¿Está dispuesto a escucharme, padre?

El camarógrafo. Sí, dale, desembuchá.

Sylvia Martinato. Sí, claro, pero... vamos al confesionario, ¿no?

El camarógrafo. No trates de escudarte detrás de un confesionario. Si viniste a aliviar tu alma tenés que hacerlo ya. De nada sirve que yo esté dispuesto a escucharte si vos no estás dispuesta a hablar.

Sylvia Martinato. Yo estoy dispuesta, padre, pero...

El camarógrafo. Qué pasa. *(Se le acerca un poco.)* ¿Precisás que te haga unos mimitos, para ablandarte?

Sylvia Martinato. (Retrocede un poco.) No, no.

El camarógrafo. Yo te voy a arreglar, a vos. ¡Hermano Patricio!

Escena 13

Entra Fonseca, vestido de sotana.

Fonseca. Qué hay.

El camarógrafo. Hermano Patricio, esta chica no quiere confesar.

Sylvia Martinato. No es que no quiera, es que... no sé, así de prepo yo no...

Fonseca. ¿Quiere que traiga el balde, padre?

El camarógrafo. El balde creo que está por acá. A ver... *(Saca el balde que está debajo de la mesa.)*

Sylvia Martinato. Qué van a hacer con eso.

Fonseca. (Se le acerca y, desde atrás, sujetándole un brazo con una mano, con la otra le tira del pelo, obligándola a inclinar la cabeza hacia atrás.) Te vamos a hacer hablar, pecadora.

(El camarógrafo pone el balde en el suelo, frente a Sylvia.)

Sylvia Martinato. Pero yo voy a hablar, no necesitan hacerme esto.

El camarógrafo. ¡De rodillas, vamos!

(Fonseca obliga a Sylvia a arrodillarse y le acerca la cabeza al balde.)

Fonseca. Vamos, perra, confesá, ¿qué hiciste?

Sylvia Martinato. (Grita.)

El camarógrafo. Hablá, golfa. Cuál fue tu pecado.

Sylvia Martinato. Voy a hablar, pero sáquenme ese balde de ahí.

Fonseca. No estás en posición de exigir nada. Dale, hablá.

Sylvia Martinato. Yo vine por mi propia voluntad, así que no pueden obligarme.

El camarógrafo. (A Fonseca.) Proceda, hermano.

(Fonseca hunde la cabeza de Sylvia en el balde.)

Sylvia Martinato. (Grita.)

Fonseca. (Le saca la cabeza del balde.) ¿Vas a hablar, ahora, mijita?

Sylvia Martinato. Sí, sí, voy a hablar, voy a hablar.

El camarógrafo. Muy bien. *(Se acerca a Sylvia y, retirando el balde, se pone frente a ella, que continúa arrodillada y sujetada desde atrás por Fonseca.)* Te escucho.

Sylvia Martinato. Resulta que yo... soy periodista. Trabajo para canal seis.

Fonseca. (Siempre sujetando a Sylvia, la sacude.) Eso amerita cadena perpetua.

Sylvia Martinato. ¡No, espere! ¡No es ése mi pecado!

El camarógrafo. Entonces cuál es.

Sylvia Martinato. Sucede que a veces, para rebuscarme, también hago algunas locuciones para el canal. Y el otro día tuve que decir en una tanda que el canal seis tiene siempre la mejor programación.

Fonseca. ¿Y no la tiene?

Sylvia Martinato. Algunos días sí, pero otros días no. Ayer, por ejemplo, en el canal tres dieron una película que era un poquito mejor que la que transmitieron por el canal seis.

El camarógrafo. O sea que has mentido. Has engañado a millones de televidentes.

Sylvia Martinato. En cierto modo sí, aunque en realidad ese tipo de anuncios nadie los cree.

Fonseca. ¿Entonces por qué los hacen?

El camarógrafo. Hija mía, has pecado y deberás pagar por esa falta.

Sylvia Martinato. Cuántos padrenuestros tengo que recitar.

El camarógrafo. Ninguno. Acá no trabajamos en esa línea. *(Se abre la bragueta y saca su pene.)* Abrí la boca, mijita. Ésta va a ser tu penitencia.

Sylvia Martinato. ¿Qué?

El camarógrafo. (Le acerca el pene a la boca.) Vamos, dale, empezá a redimirte.

Fonseca. Después a mí, ¿ta?

Sylvia Martinato. (Logra zafarse de Fonseca y se incorpora.) ¡No, señores, no pienso cumplir esa penitencia!

El camarógrafo. ¿Preferís que caiga sobre ti la ira de Dios?

Sylvia Martinato. No es eso. Es que pienso que si estuviéramos los dos solos, sin el hermano Patricio...

El camarógrafo. ¡Hermano Patricio, vaya a barrer la sacristía!

Fonseca. No quiero. Déjenme quedarme a mirar, aunque sea.

El camarógrafo. No. Lo que podría hacer es grabártelo en video, para que después te masturbes mirando la grabación. Yo tenía una cámara, por acá; no me acuerdo dónde la puse. *(Deambula buscándola.)*

Fonseca. Creo que yo la vi en la sacristía, cuando fui a barrer.

El camarógrafo. La voy a buscar. Vos mientras tanto cuidáme a la potranca.

Fonseca. Sí. *(Se empieza a sacar la sotana.)*

(Se va el camarógrafo.)

Escena 14

Sylvia Martinato. Qué piensa hacer, usted.

Fonseca. ¿Yo? *(Termina de sacarse la sotana, quedando con el torso desnudo.)* Me voy a cambiar. *(Se pone la camisa y la chaqueta de botones.)*

Sylvia Martinato. ¿Piensa dejar los hábitos?

Fonseca. ¿Cuáles hábitos.

Sylvia Martinato. (Señala la sotana.) Ésos.

Fonseca. Ah, sí. Se los dejo para lavar. ¿Para cuándo los puede tener?

Sylvia Martinato. Para el lunes. ¿Le pongo suavizante?

Fonseca. No, póngale algo que vuelva la tela más áspera, si puede ser.

Sylvia Martinato. ¿Más áspera?

Fonseca. Sí, porque yo soy muy macho, ¿sabe? Soy un hombre recio.

Sylvia Martinato. Entiendo. *(Toma la sotana.)* Va a quedar bien, ya va a ver. Se la voy a dejar como el cuero de un puercoespín, pero al revés: con las púas para adentro.

Escena 15

Entra Frenelao, con un grabador a casete.

Frenelao. Qué está pasando, acá.

Sylvia Martinato. Nada, ¿por qué?

Frenelao. No, por nada.

Sylvia Martinato. Ah.

Fonseca. (A Sylvia.) Quién es este señor.

Frenelao. Quién.

Sylvia Martinato. Quién qué.

Frenelao. Quién es.

Sylvia Martinato. Quién es quién.

Frenelao. Él.

Fonseca. ¿Yo?

Sylvia Martinato. (Enfadada.) No. Él. *(Señala a Frenelao.)*

Frenelao. ¿Yo?

Fonseca. Sí, usté.

Frenelao. Ah.

Sylvia Martinato. Ah qué.

Frenelao. Nada. Es una manera de decir.

Fonseca. Una manera de decir qué.

Frenelao. Eso depende de quién lo diga.

Fonseca. Ah.

Sylvia Martinato. Ah qué.

Fonseca. Ah qué qué.

Sylvia Martinato. Ah qué nada.

Fonseca. Ah.

Sylvia Martinato. Ah qué.

Frenelao. ¿Pueden terminar con ese juego estúpido? *(A Fonseca.)* Usté todavía no me dijo quién es.

Fonseca. En ningún momento usté me lo preguntó.

Frenelao. Ah.

Sylvia Martinato. Ah qué.

Frenelao. Que no se lo pregunté.

Sylvia Martinato. Ah.

Fonseca. Ah qué.

Sylvia Martinato. Que no se lo preguntó.

Fonseca. Preguntar qué.

Frenelao. Quién era.

Fonseca. Yo no tenía por qué preguntarlo.

Sylvia Martinato. No, pero igual lo hizo.

Fonseca. Sí, pero nadie me contestó.

Frenelao. A mí tampoco.

Sylvia Martinato. Porque no lo preguntaste.

Frenelao. Mentira.

Fonseca. Por qué.

Frenelao. No sé. No sé por qué miente.

Sylvia Martinato. Quién, ¿yo?

Fonseca. Sí.

Sylvia Martinato. Ah.

Frenelao. Ah qué.

Sylvia Martinato. Ah qué qué.

Frenelao: A que sí.

Sylvia Martinato. Que sí qué.

Frenelao. Y, si no sabés vos...

Sylvia Martinato. Qué.

Frenelao. Nada.

Sylvia Martinato. Por qué.

Frenelao. Por qué qué.

Sylvia Martinato. (Como cansada de discutir.) No sé.

Frenelao. Entonces por qué preguntás.

Sylvia Martinato. Si vos ni sabés qué fue lo que yo te pregunté.

Frenelao. Sí, lo sé, lo sé tan bien como lo que yo te contesté.

Sylvia Martinato. Qué me contestaste.

Frenelao. ¿No sabés?

Fonseca. Les pido perdón, pero yo me tengo que ir.

Sylvia Martinato. Ah, cagón.

Fonseca. No, no quiero que piensen que no me interesa este debate. Es más *(toma la lapicera y el cuaderno sobre el que Sylvia escribió su poema),* les voy a pedir que las conclusiones finales del seminario me las envíen a esta dirección. *(Anota una dirección en una hoja del cuaderno; luego arranca la hoja y se la entrega a Sylvia.)* Si puede ser por triplicado, mejor. Si no, mi secretaria se va a encargar de hacer las copias. Ella escribe muy bien a máquina, aunque no hay forma de hacer que use computadoras. Yo no sé, tiene una especie de fobia por todo lo que sea electrónico, incluyendo su propio sistema nervioso. A ella no le gusta que su cerebro dé las órdenes a las diferentes terminales nerviosas de su cuerpo mediante impulsos eléctricos. Prefiere la transmisión de tipo mecánico. Por eso de a poco se está construyendo un sistema de poleas que le comunique la cabeza con los brazos. Después, con más tiempo, se va a hacer otro para los pies. En fin, bueno, no los entretengo más. *(Va saliendo.)* Y por favor no se olviden de enviarme el memorándum. *(Se va.)*

Escena 16

Frenelao. ¿Y? ¿Se lo vas a mandar?

Sylvia Martinato. Qué cosa.

Frenelao. El memorándum.

Sylvia Martinato. Ah. Sí, supongo que sí.

Frenelao. Más te vale. Si no, se puede enojar, el gerente.

Sylvia Martinato. ¿El gerente? No, no creo.

Frenelao. Por qué estás tan segura.

Sylvia Martinato. No dije que estuviera segura. Dije que no creía.

Frenelao. Mentira, dijiste que estabas segura.

Sylvia Martinato. No. Habrás escuchado mal. Yo dije que no creía que él se pudiera enojar.

Frenelao. Mirá, me tenés podrido. Siempre decís una cosa y después renegás de haberla dicho. Y lo peor de todo es que sos capaz de convencerte a vos misma de que no dijiste lo que dijiste, sino otra cosa.

Sylvia Martinato. Mirá, Frenelao: yo te puedo asegurar que estoy segura de haber dicho que CREÍA que el gerente no se iba a enojar.

Frenelao. Sí, claro, ya sé que vos creés haber dicho eso. Siempre lográs convencerte, y a veces hasta llegás a hacerme dudar a mí. Pero esta vez no te vas a salir con la tuya, porque grabé tus palabras. Escuchá, te voy a demostrar cómo tu memora tergiversa las cosas. *(Oprime la tecla "play" del grabador, y se oye la voz de Sylvia Martinato diciendo "estoy segura". Frenelao oprime la tecla de "pausa".)*

Sylvia Martinato. ¡Tramposo! ¡Hiciste trampa! ¡Eso fue de cuando yo dije que estaba segura de haber dicho que CREÍA que el gerente no se iba a enojar!

Frenelao. Estás equivocada.

Sylvia Martinato. No, mijito. Así no vale.

Frenelao. Mirá, escuchá, vas a ver. *(Suelta la "pausa" del grabador, y se oye la voz de Sylvia Martinato diciendo "estoy segura de que el gerente no se va a enojar".)* ¿Viste?

Sylvia Martinato. (De mala gana.) No, no vi. Oí.

Frenelao. Mirá, no te pongás ahora quisquillosa con las palabras, cuando recién eras capaz de sostener que habías dicho todo lo contrario de lo que verdaderamente habías dicho.

Sylvia Martinato. No fue todo lo contrario. Fue apenas una diferencia de matiz.

Frenelao. Sí, la misma diferencia que puede haber entre un Matisse y un Van Gogh.

Sylvia Martinato. (Sin reír.) Ja ja ja.

Escena 17

Entran Gumersinda y Simergunda.

Gumersinda. ¡Chicos, chicos, aprontensé que ya viene el juez de paz!

Simergunda. ¡Rápido!

Frenelao. Nosotros ya estamos listos.

Gumersinda. ¿Lo pensaron bien?

Sylvia Martinato. No es cuestión de pensar, Gumersinda. Es una cuestión de sentimientos. Sentimientos que se tienen o no se tienen.

Simergunda. ¿Y ustedes los tienen?

Sylvia Martinato. Yo no los tengo, pero él sí. *(Se refiere a Frenelao.)*

Gumersinda. Pero el amor tiene que ser recíproco.

Frenelao. No necesariamente. En el amor lo que importa es la pareja, no los individuos que la componen.

Sylvia Martinato. Si al menos uno de los integrantes de la pareja tiene amor, se puede decir que la pareja tiene amor. Eso se saca por teoría de conjuntos.

Simergunda. Pero si vos no sentís amor, entonces...

Frenelao. (La interrumpe.) Cómo se ve que sos neófita en estas cosas, Simergunda. Si hubieras leído algo sobre sentimientos, sabrías que

182

en el amor lo primero es compartir. Y aunque ella *(se refiere a Sylvia Martinato)* no tiene amor, el poco amor que yo tengo lo comparto con ella.

Gumersinda. Yo tampoco tengo amor.

Frenelao. Entonces también lo voy a compartir contigo.

Simergunda. ¿Y yo?

Frenelao. Bueno, no sé. Organicensé. Hagan cola, saquen número.

Sylvia Martinato. Sí, pero tengan en cuenta que no sólo existe el amor de la pareja. También existe el amor filial, el amor de la madre por el hijo, existe el complejo de Edipo, existen los putos, las lesbianas, los bufarrones, los viejos verdes...

Gumersinda. Yo quiero uno de ésos.

Simergunda. ¿Un viejo verde? Eso se consigue muy fácil. A la vuelta de mi casa vive uno, que siempre está en la vereda y se hace la paja cuando yo paso.

Gumersinda. Qué bueno. Dame la dirección.

Simergunda. No, a vos no creo que te preste atención.

Gumersinda. No importa. Dame la dirección.

Simergunda. No, dejá. Es mejor no darle bola.

Gumersinda. Dame la dirección.

Simergunda. No, en serio, es preferible que no vayas.

Gumersinda. Dame la dirección.

Simergunda. No quiero que vayas, ¿entendés?

Gumersinda. Ta bien, no voy a ir. Pero igual dame la dirección.

Simergunda. Para qué.

Gumersinda. Después te explico. Dame la dirección.

Simergunda. No.

Gumersinda. Dámela.

Simergunda. No, no te la voy a dar.

Gumersinda. Dame la dirección.

Simergunda. Para qué.

Gumersinda. Ya te dije.

Simergunda. No, no me dijiste.

Gumersinda. Está bien, te lo reconozco, pero dame la dirección.

Simergunda. Te lo digo por última vez: no te la voy a dar.

Gumersinda. Te querés quedar vos sola con el viejo.

Simergunda. No es asunto tuyo.

Gumersinda. Dame la dirección.

Frenelao. Che, termínenla.

Simergunda. (A Gumersinda.) Ya te dije que no te la voy dar.

Gumersinda. Yo te la voy a pedir hasta que me la des.

Sylvia Martinato. Basta, por favor.

Simergunda. (A Gumersinda.) Podrás pedir hasta que amanezca, pero no te la voy a dar.

Gumersinda. Eso quiero verlo. Dame la dirección.

Frenelao. Es suficiente, chicas.

Simergunda. Todavía faltan seis horas para el amanecer.

Gumersinda. Puta madre, dame la dirección.

Sylvia Martinato. Paren de discutir, por favor.

Simergunda. (A Gumersinda.) Si me lo pedís de mala manera no te doy nada.

Gumersinda. Rogarte no te voy a rogar. Dame la dirección.

Frenelao. (Impaciente.) Bueno...

Simergunda. (A Gumersinda.) No te doy un pomo.

Sylvia Martinato. Ufa, che.

Gumersinda. (A Simergunda.) No te pido un pomo, te pido la dirección.

Frenelao. Shhhht.

Simergunda. (A Gumersinda.) No la tengo, y aunque la tuviera no te la daría.

Sylvia Martinato. ¿Pueden hacer el favor de suspender?

Gumersinda. (A Simergunda.) Te lo pido por última vez: dame la dirección.

Frenelao. ¡Cállense de una vez!

Simergunda. (A Gumersinda.) Te tomo la palabra, pero no te doy nada.

Sylvia Martinato. ¡Bueno, carajo!

Gumersinda. (A Simergunda.) Dale, dámela.

Frenelao. ¿Son sordas, ustedes?

Simergunda. (A Gumersinda.) Dijiste que la pedías por última vez, y me la estás pidiendo de nuevo.

Sylvia Martinato. ¡No las aguanto más!

Gumersinda. (A Simergunda.) Porque me la tenés que dar. Dámela.

Frenelao. (A Simergunda.) Dásela, che, así no jode más.

Simergunda. (A Gumersinda.) ¿Escuchaste? No jodas más.

Sylvia Martinato. ¿Hasta cuándo van a seguir?

Gumersinda. (A Simergunda.) Vos, no escuchaste. Él dijo que me la dieras.

Frenelao. Bueno, pero yo no quería meter lío.

Simergunda. Yo no recibo órdenes de él ni de nadie.

Sylvia Martinato. ¡Te callás!

Gumersinda. (A Sylvia.) Dijo que no recibía órdenes, ¿no escuchaste?

Frenelao. Bueno, che, no se agarren con ella, ahora, también.

Simergunda. ¿Y por qué se mete?

Sylvia Martinato. ¡Es el colmo! ¿Ahora me acusan a mí?

Gumersinda. ¡Sí, estamos cansadas de tus manejos!

Frenelao. ¿Qué manejos?

Simergunda. Cómo se ve que sos neófito en estas cosas, Frenelao.

Sylvia Martinato. Los hombres nunca se dan cuenta de nada.

Escena 18

Entra Ramón Gómeri.

Ramón Gómeri. Buenas tardes.

Gumersinda. ¡El juez de paz!

Ramón Gómeri. Sí, de quinto turno. ¿Dónde están los testigos?

Simergunda. Somos nosotras. *(Se refiere a sí misma y a Gumersinda.)*

Ramón Gómeri. (Se aceca a Sylvia y le quita la sotana de las manos.) Permítame. *(Se la pone.)*

Frenelao. ¿A qué hora es la ceremonia?

Ramón Gómeri. Vamos a empezar enseguida. *(A Gumersinda.)* ¡Usted! Haga pasar al jurado. *(Frenelao y Sylvia Martinato se ubican uno junto al otro y de frente Ramón Gómeri, en actitud de pareja que se va a casar.)*

Gumersinda. Sí, señor. *(Va a la puerta.)* Señores, si pueden hacer el bien de pasar, por favor; la sala está vacía.

Escena 19

Entran el camarógrafo —sin la cámara— y el inspector Ferrer.

El camarógrafo. Con permiso.

Ferrer. O sin él.

Ramón Gómeri. Ubíquense por ahí, señores. Espero que examinen los hechos con la probidad que el caso requiere, y que juzguen con equidad y precisión.

Ferrer. El juez es usted. Nosotros no venimos a juzgar.

El camarógrafo. Fuimos llamados para integrar el jurado. Si no, es otro precio.

Sylvia Martinato. Podríamos hacer una colecta.

Simergunda. A mí anotáme con cinco mil.

Gumersinda. Yo pongo diez.

Ferrer. (A Frenelao.) ¿Usted, señor? ¿Cuánto pone?

Frenelao. No, yo soy el novio.

Ramón. No importa, tiene que fijar una cifra.

Frenelao. No tengo liquidez.

El camarógrafo. A mí me gusta ese reloj que tiene. Si me lo da, hacemos negocio.

Sylvia Martinato. Dáselo, Freny, así terminamos de una vez.

Frenelao. Está bien. *(Pese a decir esto, Frenelao no entrega su reloj, ni el camarógrafo se lo reclama.)*

Ramón Gómeri. Bueno, si ya está solucionado el tema vamos a comenzar. A ver la primer testigo.

Simergunda. Sí, soy yo.

Ramón Gómeri. Qué alega.

Simergunda. Doy testimonio de que el novio está fisiológicamente apto para encarar esta relación.

Ferrer. Perdón, señorita, ¿cómo lo sabe?

Gumersinda. Fue amante de él durante cuatro años.

Simergunda. Amante no. Él me pagaba.

El camarógrafo. (A Simergunda.) Perdonáme, ¿cuánto cobrás?

Gumersinda. Tenés que arreglar conmigo. Yo soy la mánager.

Ramón Gómeri. No se me vayan por la ramas, por favor. Tenemos que casar a estas personas, primero. Quién es el segundo testigo.

Sylvia Martinato. Es Gumersinda.

Ramón Gómeri. Y qué es lo que está dispuesta a testificar.

Sylvia Martinato. Ella va a dar testimonio de que yo... soy...

Ferrer. (Interrumpe.) ¡Objeción, Su Señoría! ¡Está condicionando a la testigo!

Frenelao. Usted no es abogado defensor. No está habilitado para objetar.

(Ramón Gómeri empieza a agitar una matraca y a gritar "orden, orden en la sala" mientras Frenelao y Ferrer continúan discutiendo.)

Ferrer. (A Frenelao.) A vos después del casamiento te voy a entregar una citación para que te presentes en Jefatura.

Frenelao. ¿Sí? Si me la escribís en papel satinado te la acepto.

Ramón Gómeri. ¡Bueno, me cago en diez! ¿Qué es esto, un casamiento o un divorcio? Tiene que haber un clima de cordialidad, para esta ceremonia, si no yo no puedo trabajar.

Simergunda. Si querés te la chupo un poquito.

Ramón Gómeri. No, gracias. Hice votos de castidad.

Simergunda. Entonces prestáme la matraca.

El camarógrafo. Vení a mí, si querés. Yo no hice ningún voto.

Ferrer. Yo presté juramento de fidelidad a la bandera.

Ramón Gómeri. (A Ferrer.) ¿Usás trapito, en vez de preservativo?

Sylvia Martinato. Basta, señores. No quiero enterarme de estas cosas por esta vía. Quiero que me las enseñe mi marido, como Dios manda.

Ramón Gómeri. Está bien. Que hable la testigo, entonces.

Gumersinda. Gracias. Yo quiero dar testimonio de que la novia es una mujer fértil.

El camarógrafo. Cómo sabés.

Gumersinda. Soy partera. Le hice cuatro abortos.

Ramón Gómeri. Perfecto. Entonces estamos en condiciones de unir a esta pareja hasta que la crisis mundial de la institución del matrimonio toque a su puerta. Sylvia Martinato. Sylvia: ¿aceptas a este hombre por esposo, para junto con él comprar en menos de seis meses una picadora Moulinex, la del uno-dos-tres, una juguera y una centrifugadora, o una multiprocesadora que reúna en un solo aparato todas estas funciones, hasta que la tecnología vuelque al mercado algún electrodoméstico mejor?

Sylvia Martinato. Sí, acepto.

Ramón Gómeri. Y tú, Frenelao Macartínez, ¿aceptas a esta mujer para compartir diferentes sillas de un mismo juego de comedor, y la simetría de un juego de dormitorio con dos mesas de luz y una con rueditas y con capacidad para un televisor de catorce pulgadas y un reproductor de video en los plazos de financiación que este juzgado les hará conocer oportunamente?

Frenelao. Qué marca es, el televisor.

Ramón Gómeri. Panavox.

Frenelao. Ah, no. Ni loco. Yo me voy de acá. *(Se aleja.)*

Sylvia Martinato. ¡Pero Frenelao!

(Frenelao se acerca a la puerta.)

El camarógrafo. ¡Frénenlo, se quiere pirar!

Gumersinda. (Detiene a Frenelao.) ¡Quedáte, cagón, sentá cabeza, una vez en la vida!

Ramón Gómeri. (A Ferrer y al camarógrafo.) Señores del jurado, ¿cómo declaran a los acusados?

Ferrer. Los declaramos marido y mujer.

Frenelao. ¡Eso es ilegal! ¡Yo no acepté!

Ramón Gómeri. Presente apelación, entonces. Pero mientras tanto está casado, viejo.

Sylvia Martinato. Yo, estoy casada, porque yo acepté. Pero él sigue soltero.

Simergunda. Eso es muy irregular. Yo no lo aceptaría.

Sylvia Martinato. ¿Vos? ¡Pero qué no vas a aceptar, si a vos te viene bien cualquier cosa!

El camarógrafo. Epa, vos tratá de mantener la compostura; mirá que ahora sos una mujer casada.

Gumersinda. Sí, casada pero sin marido.

Sylvia Martinato. Por algo se empieza, querida.

Simergunda. Si querés te presto un vibrador Moulinex. Tiene cuatro velocidades.

Ferrer. ¿Tiene algún otro, para alquilar?

Ramón Gómeri. Señores, les pido un minuto de atención.

El camarógrafo. (Pendenciero.) Qué te pasa, a vos.

Ramón Gómeri. Nada. Sólo quiero avisarles que oficialmente esta ceremonia terminó. Todo lo que digan de acá en adelante es responsabilidad exclusiva del que lo dice. *(Los demás se quedan inmóviles y en silencio. Ramón Gómeri camina por entre ellos.)* Ah, manga de pusilánimes, ahora no se animan a abrir la boca, ¿eh? *(Se acerca a Frenelao.)* Vos, por qué no presentás tu apelación ahora, ¿eh, cagón? *(Silencio.)* Sabés que llevás la de perder, ¿eh? Sabés que te pueden condenar a treinta años de ir de tu casa al trabajo y del trabajo a tu casa, con veinte días por año de vacaciones para dedicarte a cambiar el cuerito de las canillas y alguna vez irte con cuarenta boludos más de excursión a Gualeguaychú. *(Se acerca a Gumersinda.)* ¿Y vos? De qué tenés miedo, ¿de que se legalice el aborto, y que tengas que bajar tus tarifas? ¿O sufrís pesadillas donde todos los fetos que extirpaste se te tiran arriba diciéndote "¡mamá, mamá!"? *(Se acerca a Sylvia Martinato.)* ¿Y vos, mitad soltera-mitad casada? Cuál es tu temor, ¿que tu mitad soltera permanezca virgen hasta un altar que nunca llegará, y que tu mitad casada se

189

entregue a un adulterio tras otro, hasta que el dios del cielo, por no querer ser menos que los demás, decida hacerte suya? *(Se acerca a Simergunda.)* ¿Y vos, puta barata? ¿Cuál es tu miedo? ¿Que la sexualidad empiece a formar parte de la vida cotidiana de la gente de este país, y que eso te deje sin trabajo? ¿Que todos los chistes verdes pierdan sentido porque el sexo deje de ser algo oculto, que haya gente cogiendo en todas las esquinas mientras esperan el ómnibus, que todos los hombres y las mujeres dejen de reprimir sus deseos de hacerlo gratis y a nadie le interese entonces pagar por la hipocresía de un amor fingido? *(Se acerca al camarógrafo.)* ¿Y vos, respetable miembro del jurado, cuál es tu inquietud?

El camarógrafo. Ninguna.

Ramón Gómeri. ¡¿Qué?!

El camarógrafo. Sí, ninguna. *(Empieza a caminar enfrentando a Ramón Gómeri, que retrocede a su paso.)* No tengo mayormente temores, y eso es lo que a vos te aterra, ¿verdad? Que no haya nadie que necesite de tus peroratas.

Ferrer. Yo sí necesito. A mí no me dio el sermón. *(Llora.)* ¿Por qué se los dio a todos y a mí no?

Gumersinda. Y el mío fue muy cortito. Yo quería que me hiciera una carta astral.

Sylvia Martinato. Y yo le iba a pedir si no me salía de garantía para un alquiler.

Escena 20

Entra Fonseca.

Fonseca. ¡Compañeros, compañeros, soy portador de buenas noticias! ¡El Cid vive! ¡Nunca murió! ¡Todavía está vivo en el interior de todos nosotros!

(Luego de breves instantes de reflexión sobre las palabras de Fonseca, los demás se ponen a proferir alaridos de pavor, y a tratar de sacar a ese Cid de su "interior"; algunos proceden como si lo tuvieran entre la ropa y la piel; otros, como si lo tuvieran en el estómago, poniéndose los dedos en la garganta buscando vomitar; en fin, todos tratan de sacárselo de alguna manera.)
(Si había luces encendidas, se apagan. Si hay telón, se cierra.)

Impreso y Encuadernado en
GRÁFICA GUADALUPE
Av. San Martín 3773 (1847) Rafael Calzada
en el mes de **Abril de 1998**